项目资助信息：NSFC-河南联合基金重点项目子课题名称：主动预控体系（子课题编号：U1904210-4）

经济管理学术文库·管理类

煤矿生产物流系统安全资源逆优化配置问题研究

Inverse Optimization of Safety Resource Allocation of Coal Mine Production Logistics System

翟雪琪／著

经济管理出版社
ECONOMY & MANAGEMENT PUBLISHING HOUSE

图书在版编目（CIP）数据

煤矿生产物流系统安全资源逆优化配置问题研究/翟雪琪著 . —北京：经济管理出版社，2023. 7

ISBN 978-7-5096-9137-3

Ⅰ. ①煤… Ⅱ. ①翟… Ⅲ. ①煤矿开采—物流—资源配置 Ⅳ. ①F407. 216

中国国家版本馆 CIP 数据核字（2023）第 134819 号

组稿编辑：杨　雪
责任编辑：杨　雪
助理编辑：王　慧
责任印制：黄章平
责任校对：蔡晓臻

出版发行：经济管理出版社
　　　　　（北京市海淀区北蜂窝 8 号中雅大厦 A 座 11 层　100038）
网　　址：www. E-mp. com. cn
电　　话：（010）51915602
印　　刷：北京晨旭印刷厂
经　　销：新华书店
开　　本：720mm×1000mm/16
印　　张：10. 5
字　　数：165 千字
版　　次：2023 年 7 月第 1 版　　2023 年 7 月第 1 次印刷
书　　号：ISBN 978-7-5096-9137-3
定　　价：68. 00 元

前　言

煤炭资源的广泛应用为推动我国国民经济建设进程、提高人民生活水平已经做出了并且仍将做出巨大贡献。然而，煤矿事故在给国家和煤炭生产企业造成巨额经济损失的同时，更给矿工及其家属带来了痛苦，损害了我国各级政府及企业的形象。为此，我国各级政府和煤炭生产企业连年加大安全资源投入以提升安全水平，但与发达国家相比仍然有较大差距。

造成上述差距的主要原因之一是煤矿生产物流系统的安全资源配置失衡。常规的资源配置优化方法在一定程度上可以提高煤矿安全资源配置效率，但当外界环境发生变动时，煤矿生产物流系统对安全的要求也随之变化，由此导致当前资源配置达到的安全水平往往无法满足系统新的安全要求。因此，如何优化煤矿生产物流系统的安全资源配置以实现安全水平最优、资源利用效率最高，成为我国煤炭生产企业亟待解决的一个重要现实问题。

本书结合安全资源投入类型众多、数据体系庞大等特征，从安全资源逆优化配置角度开展了面向煤矿生产物流系统关键安全资源筛选、关键安全资源与安全水平作用机理分析、安全资源逆优化配置应用及对策研究，以期实现在不增加安全资源投入条件下即可提升安全水平的目标。本书的主要内容如下：

一是分析了各类安全资源对煤矿生产物流系统的影响，采用改进粗糙集方法筛选了关键安全资源。首先，分析了影响煤矿生产物流子系统安全的因素；其次，依据安全资源指标体系建立原则及目标，构建了煤矿生产物流系统安全资源指标体系；最后，提出了基于 Levy 飞行—人工鱼群算法（LF-AFSA）与遗传算法（GA）的改进粗糙集方法，并分析了关键安全资源筛选的算法流程，为后续分析关键安全资源与安全水平的作用机理奠定了基础。

二是剖析了关键安全资源对安全水平的影响规律，采用 C-D 生产函数构建了其作用机理模型。首先，分析了煤矿生产物流系统状态的变化规律；其次，在界定系统安全水平及等级基础上，从关键安全资源投入与分配两方面分析了其对安全水平的影响；最后，综合比较了常用的作用机理分析方法，选取 C-D 生产函数拟合了关键安全资源与安全水平间的非线性作用关系，建立了两者的作用机理模型，为后续安全资源逆优化配置确立了目标函数。

三是阐述了煤矿生产物流系统安全资源逆优化配置原理，采用逆优化方法构建了安全资源逆优化配置模型。首先，概述了煤矿生产物流系统安全资源逆优化配置的内涵、原理、实施架构及流程；其次，确定了安全资源配置的目标函数及约束条件，建立了安全资源配置的原始模型；最后，分析了安全资源逆优化配置的目标，并构建了安全资源逆优化配置模型，继而采用双层规划及遗传算法对模型进行了求解。

四是为验证模型的有效性及实用性，以某煤业集团的矿井作为研究对象开展了安全资源逆优化配置应用研究，同时给出了相应的逆优化对策。首先，收集并整理了该矿井的相关数据，构建并求解了该矿井的安全资源逆优化配置模型，结果显示应从通风技术管理和安全教育培训两方面重点对煤矿生产物流系统的安全资源进行逆优化配置；其次，从宏观和微观两个层面提出了强化煤矿生产物流系统安全资源逆优化配置的具体对策。

本书建立的安全资源逆优化配置模型可以实现资源配置的培优，即在不增加安全资源投入前提下，通过调整安全资源对安全水平的重要度将当前资源配置方案培养为最优。研究结果不仅丰富了资源优化理论体系，而且为我国煤矿生产物流系统科学合理配置安全资源提供了理论支撑和路径实现方法，同时对高效提升我国的煤矿安全生产水平具有重要的现实意义。

本书在撰写过程中得到众多单位和专家的支持和帮助，同时，笔者还参考了有关专家学者的专著和其他文献，在此表示衷心的感谢。

由于笔者水平有限，时间仓促，所以书中错误和不足之处在所难免，恳请广大读者批评指正。

目　录

第一章　绪论

第一节　研究背景

素有"工业粮食"之称的煤炭是我国国民经济的命脉，其广泛应用为推动我国国民经济建设进程、提高人民生活水平已经做出了并且仍将做出巨大贡献。鉴于生产煤炭的煤矿事故频发，尽管为加强煤矿的安全水平，我国已逐步形成较为完善的安全资源投入制度，但截至目前，政府针对煤矿安全资源配置制定的相关政策及规定仍然比较少，且煤炭生产企业的安全资源配置现状多为被动式、主观式、粗放式管理，缺乏一套系统科学的资源配置方法。基于此，为解决煤矿安全资源科学配置这一紧迫问题，本节分析了当前我国煤矿安全生产状况，并提炼出本书拟解决的问题。

一、现实背景

安全高效是煤炭行业高质量发展的基础。我国煤矿安全生产尽管取得了明显成效，但形势依然严峻复杂，煤矿事故仍时有发生。煤矿行业自身的特殊性决定了其生产具有高危性，因此煤炭生产企业必须投入安全成本，才能保证煤炭开采、运输等环节的正常运转，保障工作人员的生命健康安全。在经济利益驱使下，煤炭生产企业对煤矿安全的重视程度及投入力度还不够，导致煤矿生产过程中仍存在一些可能导致事故发生的不安全因素，包括机器设备、人员管理、作业环境等方面。鉴于我国煤矿事故仍时有发生的现实，企业和各级政府连年加大安全资源投入，通过引入新的开采工艺、更新机器装备、改善井下作业环境、建立事故预警及应急机制、加强危险源识别与监控等途径，显著降低了事故发生率、提高了煤矿的安全生产水平。然而，由于煤炭行业的特殊性及安全资源的有限性，加强安全资源的合理配置以实现高效生产，对于政府、煤矿企业和社会而言具有重要的现实意义。

二、理论背景

煤炭生产过程从实质上看是一个完整的物流过程，煤炭、设备、材料、风、水等多种物料与物质的流动构成了煤矿生产物流系统，其生产场地和作业环境随时间动态移动导致井下煤炭的开采（本书研究内容仅限于井工煤矿）时刻受瓦斯、水、煤尘、火等多种灾害的威胁，这种情况决定了煤炭行业是我国工业生产中伤亡事故最严重的行业之一。

由此可见，对煤炭生产企业而言，安全资源投入及配置的实体是煤矿生产物流系统，因此其优化配置应在满足安全目标条件下，通过调整各类资源的配置使得当前安全状态最优。进一步分析发现，煤矿生产物流系统安全资源的优化配置必须考虑以下问题：一是受安全资源投入总量限制，如何合理配置各类安全资源使得系统安全水平最优、资源利用效率最高；二是基于安全资源配置的时滞性、长效性等特征，当外界环境发生变化导致现有资源配置方案无法满足系统要求时，如何进一步优化上述方案以提升系统总体的安全水平。

常规的资源优化配置方法基本可以解决第一个问题，即在有限投入下合理配置安全资源以实现系统安全水平最优。然而，当因外界环境变化引起安全水平波动时，按照常规资源优化配置方法仅能依靠持续加大资源投入以满足煤矿的安全需要，无法进一步优化已投入的配置方案。

逆优化配置安全资源则是基于整个系统考虑，不仅能够优化各类安全资源投入，还可以在不改变安全资源配置方案的前提下，调整系统的相关参数（如人员配备数量及工作方式、设备利用效率、资源重要程度等）以提升安全水平和资源利用效率，降低安全资源投入成本。可见，运用逆优化方法解决煤矿生产物流系统安全资源配置问题具有较大优势。基于此，本书综合运用系统管理、优化技术等理论，围绕下述三个子问题开展了安全资源的逆优化配置研究。

子问题 1：如何区分关键安全资源与非关键安全资源？

在国家安全生产高压线下，煤矿企业为达到安全目标不吝持续加大资源投入，但高投入提升的安全水平却有限，资源投入与安全收益严重失衡形成的资源冗余明显增加了企业负担。而现实是煤矿生产物流系统安全资源投入类型多、数据庞杂，且随着开采环境与方式的变化，每种安全资源均对系统的安全运行发挥着不同程度的作用。对煤矿生产物流系统进行安全资源配置时，确定关键安全资源是本书研究的第一个问题。

子问题 2：如何衡量关键安全资源对安全水平的影响作用？

鉴于安全资源投入总量的限制，增加某一子系统的安全资源投入必然导致其他子系统的投入减少，即煤矿生产物流子系统间存在"资源竞争"问题。例如，增加掘进子系统的安全资源投入往往会减少采煤、机电、通风、排水、运输等一个或若干个子系统的投入，进而影响其他子系统的安全水平。此外，对于煤矿生产物流子系统而言，其内部也存在安全资源的竞争。当资源配置失衡尤其是对系统安全水平影响大的安全资源投入不足时，极易导致子系统的安全状态大幅波动，进而降低煤矿生产物流系统的安全水平。由此可见，衡量关键安全资源对安全水平的非线性作用关系是本书研究的第二个问题。

子问题 3：如何实现安全资源的逆优化配置？

与一般资源优化配置"选择最优解"相比，逆优化问题侧重于"培养最优解"，即通过调整变量的重要度、约束条件的相关系数等，将给定的可行解培养为最优解。由于煤炭开采环境的动态变化性，已投入的安全资源配置方案往往会由"最优"变为"非最优"，运用逆优化理论及方法进行煤矿安全资源配置可以在不增加安全资源投入前提下实现安全水平的提升。然而，当前研究中逆优化理论较少应用于煤矿安全领域，加之安全资源配置的特殊性，如何实现安全资源的逆优化配置是本书研究的第三个问题。

第二节 研究意义

一、理论意义

煤矿生产物流系统安全资源优化配置是一个涉及政府、企业、社会等多方利益的问题，是提升煤炭生产企业安全水平、降低资源投入成本、提高资源利用效率的关键。近年来得到国内外专家学者的广泛关注，在煤矿安全影响因素分析、煤矿安全评价、煤矿安全投入效益分析等方面取得了较为丰厚的研究成果，经查阅相关文献，发现对综合运用系统管理理论及量化技术对煤矿生产物流系统开展安全资源逆优化配置的研究还不多见。

鉴于此，本书系统开展了煤矿生产物流系统安全资源逆优化配置研究，不仅丰富了资源优化配置理论体系，而且拓展并深化了资源优化配置方法的研究领域。本书的理论意义如下：

（1）采用 Levy 飞行—人工鱼群算法与遗传算法改进了粗糙集方法，并用于煤矿生产物流系统的关键安全资源筛选，不仅弥补了传统粗糙集方法中数据离散化及属性约简的不足，优化了粗糙集方法的性能，还拓宽了其应用范围。

（2）采用 C-D 生产函数以权重形式剖析了安全资源间的关系，构建了关键安全资源与安全水平的作用机理模型，并揭示了两者的影响规律，弥补了传统机理分析方法无法直观反映安全资源"竞争关系"的缺陷。

（3）采用逆优化方法建立了煤矿生产物流系统安全资源配置模型，用以调整资源配置使得当前整个系统安全水平达到最优，克服了企业片面追求安全水平最优而盲目加大投入导致资源配置失衡产生资源冗余的弊端；同时解决了常规安全资源配置方法难以满足系统对安全水平的动态需求问题，实现了不增加安全投入即可提升安全水平的目标。

此外，从学科层面看，本书既运用系统管理理论对煤矿生产物流系统的安全资源指标、安全资源对安全水平的影响机理、安全资源逆优化配置原理及流程进行了综合分析，又采用 Levy 飞行机制、人工鱼群算法、粗糙集、遗传算法及逆优化等方法对安全资源逆优化配置问题进行了模型构建及分析，对拓展公共管理研究范畴下的具象问题量化分析方法，尤其是交叉性、边缘性学科问题的研究具有重要的理论应用价值。

二、现实意义

从宏观层面看，我国煤矿每年死亡人数、百万吨死亡率及事故发生次数等均高于发达国家，安全资源配置失衡是造成这一差距的主要原因之一。差距即潜力，本书内容的研究不仅有利于加强我国各级政府对煤矿的安全监管，还有利于优化煤矿生产企业的安全投入，提高安全资源利用率，为煤炭行业的安全高效开采提供科学的决策方法支持。

从微观层面看，通过调研发现，在煤炭安全生产高压线下，随着安全资源投入的增加，安全水平的提升却有限，由此易造成资源冗余，迫切需要通过调整资源配置达到稳定优化的安全水平。而逆优化理论着眼于安全资源配置的培优，即如何将给定的安全资源配置方案培养为最优方案，可以较好地解决以上难题，对实现煤矿生产物流系统的安全高效运转具有重要的实践应用价值。

此外，考虑到我国煤矿生产物流系统的安全资源配置现状，从宏观和微观两个层面提出了加强安全资源逆优化配置对策，为在不增加安全资源投入前提下即可提升煤矿安全水平提供了一种全新的思路，也为安全资源逆优化配置的推广与应用指明了方向。

第三节　国内外研究现状

现有文献在煤矿生产物流领域研究资源优化配置方面的成果较少，与本书相关的成果主要集中在煤矿生产物流系统安全问题研究、安全资源配置问题研究、逆优化理论与应用问题研究等方面，为本书开展煤矿生产物流系统安全资源逆优化配置研究提供了重要的参考。

一、煤矿生产物流系统安全问题研究现状

国内外专家学者对煤矿生产物流系统安全问题的研究大多集中于煤矿安全影响因素分析、煤矿安全评价、煤矿安全投入效益等方面，为本书筛选关键安全资源、分析安全资源与安全水平作用机理的研究提供了借鉴。

（一）有关煤矿生产物流系统安全影响因素方面的研究

安全资源是煤矿生产物流系统安全高效运行的保障，而安全资源的确定与煤矿安全影响因素密切相关。

周建亮等（2023）利用社会网络分析法确定了影响煤矿安全的关键风险因素，包括管理制度、安全培训、技术措施、安全投入及监督等方面；周天

墨等（2022）实证分析了我国煤矿安全生产水平空间差异程度及驱动因素，结果显示不同地区的煤矿安全影响因素差异较大；朱艳娜等（2023）采用粗糙集方法、网络层次分析法、模糊综合评价法分析了矿山安全风险因子权重，在此基础上运用系统动力学模型仿真了各风险因子对安全管理水平的影响，结果显示煤矿安全投入效果具有滞后性；张培森等（2021）梳理了我国煤矿安全生产现状，研究发现我国煤矿事故数量存在空间差异性，呈北多南少的特征，这与不同地区地质构造因素有关；杨洋等（2021）分析了数字化对煤矿安全管理的影响，认为数字化管理有利于提升煤矿安全水平；童文清等（2020）通过收集我国 60 家煤矿企业的相关数据，分析了我国煤矿安全文化建设现状，结果显示人员类别、工龄、文化程度与安全文化紧密相连，但性别的影响并不显著；李博杨等（2017）在建立人因失误指标评价体系基础上，综合运用熵权法与集对分析法动态分析了煤矿安全事故；刘东（2014）采用系统动力学方法分析了设备、自然、员工、安全科技、安全管理、法律监督、经济等因素对煤矿安全的影响，为煤炭生产企业确立安全管理与控制最优方案提供了新思路；王金凤等（2015）针对煤矿生产物流系统特征，构建了基于粗糙集和定位分析法的安全影响因素分析模型，研究结果表明对不同安全状态等级的煤矿，制约其安全的因素也不尽相同；田水承等（2016）利用因子分析法研究了煤矿安全标志有效性影响因素及其重要度，结果表明较为显著的因素主要包括刺激性、心理惯性、安全标志设置等。

（二）有关煤矿生产物流系统安全评价方面的研究

对煤矿进行安全评价旨在分析影响因素对安全水平或安全状态的作用机理。现有煤矿安全影响指标识别、安全评价模型建立、安全评价方法选择及改进等方面的研究为本书分析煤矿生产物流系统安全资源与安全水平间的作用机理提供了重要的数学方法参考。

宿国瑞等（2021）采用压力—状态—响应模型评价分析了煤矿安全管理效果，为企业及时排查风险因素提供了理论参考；Wang 等（2016）在运用非线性方法确定危险因素优先级的基础上，从管理、环境、操作、工人等方面建立了风险因素概念图，进而构建了基于模糊层次分析法（Fuzzy-AHP）的煤矿安全评价模型，结果显示该模型优于传统的层次分析法以及基于程度分析的模糊层次分析法；Wu 和 Hu（2011）在分析煤矿安全影响因素基础上，采用 Fuzzy-AHP 构建了煤矿安全评价模型；杨本生和贾永丰（2015）分析了影响采掘系统安全状态的顶板、瓦斯、火灾、水灾、有毒气体等诊断指标，建立了基于层次分析法和模糊综合评判法的采掘系统安全评价模型；汪刘凯等（2015）从人员、管理、信息、环境和设备等方面识别了煤矿安全事故风险因素，构建了基于 CA-SEM 的安全事故风险因素模型，并分析了风险因子对安全事故的影响；李廷丰等（2015）针对传统安全评价中固定权重无法动态反映指标值重要度这一缺陷，采用局部变权方法对指标进行动态赋权以优化安全评价结果；张景钢和安美秀（2016）运用危险源及可操作性理论（HAZOP）研究了煤矿安全评价问题；兰建义等（2015）从行为、技术操作、组织管理等方面分析了人员失误引起煤矿事故的影响因素，提出了基于灰色关联法的煤矿人因事故关键因素分析模型；罗景峰和许开立（2015）运用基于模糊熵的加权可变模糊评价方法，评价了煤与瓦斯的突出危险性；林登科等（2015）针对我国煤矿水灾害事故特征，提出了基于可拓理论与区间赋权的煤矿水灾害安全评价模型；Wang 等（2015）从人—机—环—管四方面确定了煤矿安全生产预警指标体系，采用改进的附加动量项、自适应率、粒子群算法、异步学习算法等优化了 BP 神经网络模型并应用于煤矿安全预警，结果显示基于改进粒子群的 BP 神经网络模型安全预警识别率较高，其网络泛化能力及收敛速度优于其他模型。

（三）有关煤矿生产物流系统安全投入效益方面的研究

为了保证煤矿生产过程的安全平稳运行，需要对其进行安全投入，而如何实现安全投入效益最大化是政府、煤炭生产企业及专家学者们关注和研究的热点。现有关于安全投入效率、安全投入对安全水平的影响、安全投入决策及对策等方面的成果为本书研究煤矿生产物流系统安全资源与安全水平作用机理奠定了重要的理论基础。

一些学者侧重于采用系统动力学、熵权法、TOPSIS 方法、数据包络分析法对安全投入效果进行分析。杨鑫刚等（2021）采用系统动力学方法分析了企业安全投入与安全管理水平的关系，结果表明调整安全管理各子系统的投入比例有利于确定企业最佳投入方案；何刚（2010）采用系统动力学方法仿真分析了影响煤矿安全生产水平因素及其安全投入量与煤矿安全管理水平的作用关系；姜福川等（2021）采用熵权和 TOPSISI 方法评价了煤矿安全投入效果，为企业制定合理的安全投入结构、提高安全效益指明方向；李广龙等（2014）在建立煤矿安全投入产出指标体系基础上，构建了基于 DEA 和 Malmquist 指数的煤矿安全投入效率评价模型；梁美健和吴慧香（2012）提出了基于 DEA 的煤矿安全投资效率评价方法；Wang（2011）分析了影响煤矿安全产出的因素，同时建立了基于 DEA 的煤矿安全投入产出效率评价模型；赵鹏飞和贺阿红（2016）采用模糊综合评价法对煤矿安全投入结构的合理性进行了评价；叶文涛和成连华（2021）采用 DEA 构建了煤矿企业安全投入产出效率评价模型，解释了其安全投入产出效率的动态变化；张飞燕等（2014）采用灰色关联分析方法、加权灰色关联分析方法优化了煤矿安全投入结构，为煤炭生产企业制定安全投入决策方案提供了思路与方法；杨力和于海云（2013）建立了基于 AHP-BP 的煤矿安全投入经济分析模型；冯凯梁（2013）定性分析了安全文化与安全投入之间的关系，同时运用系统动力学建立了两者的影响关系模型。

一些学者侧重于从安全投入要素的视角提出安全投入优化方案。刘广平和戚安邦（2011）从安全投入和管理投入两方面分析了影响煤矿安全水平边际效应的因素；高建远和刘伟（2016）构建了煤矿最优安全水平均衡机制，并针对煤炭市场的持续低迷现状提出了煤炭企业安全投入转移机制；陈翔等（2014）建立了基于行为经济学的煤矿安全投入决策模型，分析了煤矿安全投入不足的原因并提出了相应对策；高蕊（2012）在分析安全投入、事故损失及安全保障度关系的基础上，建立了煤矿安全投入优化模型；Tong等（2011）在确定煤矿生产投资系数、安全投资系数、事故损失系数基础上，建立了动态投入产出模型并提出反向递归解决方法，为煤炭生产企业预测安全投入指明方向；任海芝等（2014）在分析安全投入规模对安全产出影响的基础上，建立了以煤炭生产企业安全投入总额最小化为目标的优化模型，结果表明安全投入规模及其投入结构影响了煤矿的安全产出；许梦国等（2021）认为，安全设施、隐患治理、安全培训、安全管理、卫生等投入指标对矿山企业安全的影响作用较大；柯丽华等（2022）采用动态灰积加权关联算法构建了矿山安全投入决策模型，结果显示安全教育和安全管理这两个投入要素的关联度较大，表明企业制定安全投入方案时要关注安全教育和安全管理。

另外，一些学者采用实证分析方法探究了安全投入与安全效益间的关系。黄骞（2021）发现煤矿安全投入与企业经济效益存在显著的双重门槛效应，当安全投入水平较低时，增加安全投入将显著地提高企业经济效益，但当安全投入达到门槛值后，则会对企业经济效益产生负向影响；史恭龙等（2022）实证分析了采掘业企业安全投入、技术创新对经济效益的影响，结果显示安全投入显著地促进了企业经济效益，且存在技术创新单门槛效应；史恭龙等（2023）通过收集我国采掘业上市企业的相关数据，实证分析了安全投入与企业价值的关系，同时考察了内部控制的调节作用，结果显示增加安全投入可以显著提高企业价值。

与上述研究不同的是，影响煤矿生产物流系统的安全资源种类繁多，且随着煤炭开采环境与方式变化而变化，采煤、掘进、机电、通风、排水及运输等子系统的安全资源均对整个系统的运转起着不同程度的作用，传统的从人—机—环—管等方面考虑安全资源不能完全反映以上各子系统的安全状态及运行状况，而有关从煤矿生产物流子系统影响因素分析安全资源指标的研究尚不多见。鉴于安全资源投入的限制，增加某一子系统的投入必然会导致其他子系统投入的减少。同时，影响系统安全水平的关键安全资源会随时间推移发生动态改变，而现有关于煤矿关键安全资源筛选及其与安全水平作用机理分析的研究成果还不多见。

基于此，如何结合煤矿生产物流系统的多属性、环境随时间推移而变化、模糊复杂性等特征，在分析子系统的安全影响因素及其安全资源基础上筛选关键资源，并分析其与安全水平的作用机理，这一问题有待深入研究。

二、安全资源配置问题研究现状

现有安全资源配置的相关研究多集中在安全资源配置模型构建、资源配置优化算法等方面，常见的资源优化算法主要包括禁忌搜索算法、粒子群算法、遗传算法、数据包络分析法、启发式算法、蚂蚁算法、目标规划法、动态规划等，对本书建立煤矿生产物流系统安全资源配置原始模型具有重要的参考价值。

（一）有关资源配置模型构建方面的研究

煤矿生产物流系统安全资源配置实质是对采煤、掘进、机电、通风、排水、运输等子系统安全资源的使用进行优化，因此建立科学合理的安全资源配置模型对保障煤矿安全高效生产至关重要。现有文献在突发事件应急资源配置方面的研究为本书构建安全资源配置模型提供了思路和方法。

江福才等（2022）构建了水上应急资源配置评价指标体系，采用改进的DEA方法建立了应急资源配置效率评价模型；张玲和曾倩（2021）针对不确定需求下的应急物资储备库选址及物资储备问题，构建了两阶段随机规划模型；曲冲冲等（2021）考察了灾民恐慌心理对应急救援的影响，通过设计心理干预参与的多时段救援仿真实验，模拟仿真了心理干预对应急救援的影响；Wu等（2016）以最大产出、最高效率、最小投入为目标，提出了基于背景依赖DEA与多目标线性规划融合的资源配置方法以确定最佳生产规模；

Wang 等（2014）提出了基于雪球过程的解决紧急响应的生成任务方法和基于社会网络分析的相关任务网络方法，并以 2012 年北京水灾害应急计划验证了该方法的合理性和有效性。

张文芬和杨家其（2015）建立了基于小波神经网络的海上突发事件应急资源动态需求预测模型；刘近远等（2015）针对城市公共设施事故应急管理问题，采用多目标优化理论建立了应急资源配置模型，为公共部门制定科学的应急决策方案指明了方向；陈涛等（2015）综合考虑灾情信息的动态更新特征，建立并求解了两阶段鲁棒—随机优化调配模型，有效地解决了地震事故应急资源调配问题；杨保华等（2011）针对事故灾害应急抢险特征，从分析资源需求与供应视角建立了基于 GERT 网络的应急资源配置模型；葛洪磊和刘南（2014）建立了基于随机规划的应急资源配置模型，同时依据不同灾害情境综合考虑应急设施、应急物资等内容，制定了应急物资分配方案；李丹和刘晓等（2013）以最小最大不满意度作为公平目标，以系统效用总和最大为目标，运用多目标混合整数规划理论建立了应急资源配置模型，并采用启发式粒子群算法求解了应急资源配置需求不确定问题；赵洪海等（2011）针对避难场所应急资源配置现状及其特征，建立了基于最低人员伤亡的资源动态优化配置模型；方磊（2008）运用非参数偏好 DEA 模型对应急资源配置决策进行了优化，有效地提高了应急系统的救援效率。

此外，一些学者研究了安全资源配置的相关问题。刘全龙等（2018）构建了煤炭生产物流系统资源配置影响因素的作用机理，采用结构方程模型分析了资源配置影响因素，揭示了各影响因素之间影响路径及影响程度；王金凤等（2017）从资源冗余配置视角，构建了煤矿安全资源冗余配置模型，为企业提高安全效用、保持合理的资源冗余水平提供理论参考；张超等（2017）运用多准则决策法（MCDM）和动态多维交互投影（DMIP）方法，构建了煤矿生产物流系统安全资源 DMIP-MCDM 评价法，实现了安全资源配置的多维动态评价；王金凤等（2015）针对煤矿生产物流系统的随机性与不确定性等特征，选取作业人员素质、自然环境及工作环境作为随机因素，构建了基于随机规划的安全资源配置模型。

（二）有关资源配置算法方面的研究

选择合适的算法求解资源配置模型、寻求全局最优解是确定最佳安全配置方案的关键环节。现有文献对粒子群算法、遗传算法、模拟植物生长算法、混沌和声搜索算法等的研究为本书求解安全资源配置模型提供了重要的方法参考。

Yin 和 Wang（2008）采用混合粒子群算法求解了多目标资源分配优化模型；孙平等（2014）采用安全系统工程的分析方法制定了应急资源调配方案，引入风险系数改进了应急救援调配优化模型；Chou 等（2014）针对遗传算法可能出现的局部最优问题，提出了改进遗传算法以解决灾难避难所人员分配和救援供给分布规划问题，并将仿真结果与传统的遗传算法、免疫算法进行对比，验证了改进算法的优越性；Azaiez 和 Vicki（2007）采用启发式算法求解了可靠性系统的安全资源优化配置模型；马书刚等（2014）建立了以 MRO 服务提供商整体服务成本为优化目标，同时考虑资源紧张度、信任度和多服务需求点不同工期要求的问题模型，设计了改进模拟植物生长算法求解，通过启发式算法获得初始可行解，并对其进行了敏感性分析；Huang 等（2011）采用马尔科夫理论建立了资源动态优化配置模型。

张玲等（2014）采用情景松弛的迭代算法求解了应急资源布局两阶段数学规划模型；Wang 和 Lin（2007）运用遗传算法求解了基于模糊数学理论的资源使用量分配问题；Ramanathan 和 Ganesh（1995）针对能源资源配置求解存在的问题，提出了基于目标规划法和层次分析法的求解方法；Xie 和 Tian（2011）采用了基于贪婪算法和遗传算法的混合方法求解能源工业资源配置模型，结果显示该混合方法具有较好的收敛速度及全局寻优能力；暴丽玲和王汉斌（2013）建立了多点救援资源配置优化模型以提高搜救成功率；刘波等（2013）采用混合遗传算法求解了基于鲁棒优化法和双层规划法的应急储备物资配置模型；谢毅等（2014）针对资源与活动之间的多对多关系，采用数值化分析优化方法解决了面向成本的业务过程资源配置优化问题，同时提出了基于分支定界法与启发式算法的模型求解方法；刘德地等（2011）运用混沌和声搜索算法求解了多目标水资源配置优化问题；曲冲冲等（2021）针对应急物资保障的经济性和物资分配的公平性问题，选取京津冀地区为研究对象，建立了自然灾害应急资源配置的多目标规划模型，并提出了多目标免疫算法；王斌等（2022）采用多目标理论分析了危化品运输事故应急资源配置选址问题，采用人工免疫算法得到了最优应急资源选址方案，为相关部门规划应急物资布局提供理论启示。

上述研究多是通过优化资源配置以实现最优目标函数，属于一般正向优化思路。与之不同的是，煤矿生产物流系统安全资源优化配置是在满足安全目标前提下通过调整各类资源的配置使得当前安全水平最优。鉴于安全资源总量的限制，此时的安全资源优化即是在确保总目标最优条件下调整资源配置使当前配置方案最优。所以，与一般优化问题相比，其实质是一种调整资源配置使得当前可行解成为最优解的逆优化问题，这正是本书研究的核心内容。

三、逆优化理论及其应用问题研究现状

与一般资源优化配置"选择最优解"相比，逆优化问题侧重于"培养最优解"，即通过改变模型相关系数（目标函数的价值系数、约束条件的资源消耗系数或资源总量限制），将给定的可行解培养为最优解。

现有文献中逆优化理论较少应用于安全资源配置，较少涉及煤矿生产物流系统领域，在逆优化理论及求解等方面的研究主要应用在医疗、模式识别、故障诊断、交通分配、供应链网络优化等领域，对本书具有重要的借鉴意义。

（一）有关逆优化理论方面的研究

在逆优化理论方面，一些学者提出了网络最短路的逆优化问题，以调节

网络弧的权重来完成优化问题的求解（Burton 和 Toint，1992；Yang 和 Zhang，1999）；程聪和张立卫（2014）运用带有互补约束的锥约束优化方法对二次规划逆问题进行表达，采用扰动方法对转化后的问题进行求解，并验证了其收敛性；Zhang 和 Liu（1999）针对网络优化中求解逆优化模型及调节成本系数问题，采用线性规划模型进行了最优解求解；郑士源（2013）以运输合作博弈模型为基础，研究了运输合作博弈核心解的定义和寻找核心解的通用算法，同时分析了对偶分配解和逆向优化解的定义和算法；Roland 等（2013）由切比雪夫距离测量调整量，以目标函数系数调整量最小求解了多目标组合逆优化问题，为解决混合整数线性规划方法提供了新思路。此外，也有一些学者研究了线性规划的可行解成为最优解的逆优化问题，定义了逆优化及其模型，同时提出了列生成法、椭圆方法、牛顿类算法和调整消耗矩阵等求解方法（Zhang 和 Ma，1996；Zhang 和 Liu，1996）。

（二）有关逆优化应用方面的研究

现有逆优化应用研究主要集中在医疗、模式识别、故障诊断、交通分配、供应链网络优化等领域。Faten 等（2004）以法国医疗系统为研究对象，将覆盖范围、皮肤组织放射量和器官保护作为指标建立了逆优化模型，使得整个系统的优化率增加了3%；Adam 和 Branda（2016）采用加权灵敏度矩阵及稀疏优化技术求解了大气模型逆问题，弥补了传统方法过于依赖模型参数的不足；Herrera-Solaz 等（2015）采用基于 Levenberg-Marquardt 算法的逆优化方法研究了多晶体力学性能的鲁棒性问题；Echevarría 等（2014）采用蚁群优化算法求解了故障诊断逆问题；Venugopal 等（2016）提出了一种随机演变非局域搜索方法求解稀疏数据逆问题以提高全局最优解搜索效率；Zou 等（2012）采用非线性逆优化的方法确定了联合位移函数，以成本函数的权重为变量建立了模型的约束条件和目标函数，通过灵敏度分析得出该模型适用于求解多目标优化问题；VanderVeer 和 Jaluria（2014）针对逆对流传热问题，采用遗传算法求解了逆优化的最优解以减少可接受的错误范围；Chow 等

（2014）运用嘈杂先验参数估计的系统方法解决了交通分配问题，把逆优化理论扩展到非线性问题，系统校准了用于分离商品流和车辆流的 STAN 模型的变量；He 等（2015）采用果蝇优化算法（FOA）进行了粒度分布逆评价研究。另外，一些学者研究了逆优化方法在供应链资源优化、企业制造资源优化等领域的应用问题（张相斌，2011；张相斌等，2007；张相斌和林萍，2014，2015）；张莉莉等（2021）采用逆优化方法解决了面向生产计划调整的资源重新配置问题，根据市场需求的变动，选择不同生产线不同产品的生产时间为调整参数，以期在实现最小化调整时间的同时满足市场新需求，结果表明逆优化方法有利于促进企业供需匹配、降低生产成本；鲁渤等（2018）采用逆优化方法解决需求不足背景下集装箱码头装卸设施配置的问题，结果表明逆优化模型可以实现成本最小和效率最大，为企业提高资源利用提供了启示。

综上所述，对于煤矿生产物流系统而言，当已实施的安全资源配置方案无法满足系统现阶段安全水平需求时，在不增加安全资源投入前提下，通过改变煤矿生产物流系统的运行方式（如调整人员配备数量及工作方式、调整设备利用效率、调整资源重要程度等）以提升安全水平，成为煤炭生产企业提高效益的重要途径，而逆优化理论及应用研究为解决这一问题提供了重要的决策理论支持和路径实现方法。

第四节　研究内容与框架

一、研究内容

针对煤矿生产物流系统安全资源配置的特征，本书开展了如下内容研究：

关键安全资源筛选、关键安全资源与安全水平的作用机理分析、安全资源逆
优化配置路径实现、安全资源逆优化配置应用及对策。各部分内容间的逻辑
关系如图1-1所示。

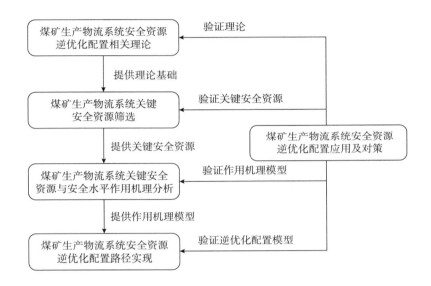

图1-1 研究内容逻辑结构

第一章为绪论。本章首先介绍了研究背景与意义，提炼出本书拟解决的
三个子问题；其次从煤矿生产物流系统安全问题、安全资源配置问题、逆优
化理论及其应用等方面分析了国内外研究现状；最后提出了本书的研究内容
与框架，并总结了本书的主要创新点。

第二章为相关理论基础。本章首先梳理了煤矿安全资源投入制度演变历
程，分析了安全资源配置现状及存在的问题；其次介绍了煤矿生产物流系统
的内涵及特征；再次从相关概念、资源配置原理及特征等方面阐述了安全资
源配置相关理论；最后介绍了本书中采用的逆优化、粗糙集、双层规划、改
进人工鱼群算法、遗传算法等方法，为后续研究奠定了理论基础。

第三章为煤矿生产物流系统关键安全资源筛选。本章首先分析了影响煤矿生产物流采煤、掘进、机电、通风、排水、运输等子系统安全的因素；其次依据安全资源指标体系建立的原则与目标，建立了安全资源指标体系；最后提出了基于 Levy 飞行—人工鱼群算法（LF-AFSA）与遗传算法（GA）的改进粗糙集方法，分析了关键安全资源筛选的算法及流程，为后续分析关键安全资源与安全水平的作用机理奠定了基础。

第四章为煤矿生产物流系统关键安全资源与安全水平作用机理分析。本章首先在分析煤矿生产物流系统状态的变化规律基础上，界定了系统的安全水平并进行了等级划分；其次根据筛选的关键安全资源，从关键安全资源投入及配置两方面分析了其对安全水平的影响；最后综合对比了常见的作用机理分析方法，选取 C-D 生产函数拟合了关键安全资源与安全水平间的非线性作用关系，为后续建立安全资源逆优化配置模型提供了目标函数。

第五章为煤矿生产物流系统安全资源逆优化配置路径实现。本章首先对煤矿生产物流系统安全资源逆优化配置的原理、实施架构及流程等进行了概述；其次确定了安全资源配置的目标函数及约束条件，建立了安全资源配置原始优化模型；最后确定了安全资源逆优化配置目标并对逆优化问题进行了描述，构建了安全资源逆优化配置模型，并采用双层规划及遗传算法进行了模型求解，为煤矿生产物流系统逆优化配置安全资源设计了实现路径。

第六章为煤矿生产物流系统安全资源逆优化配置应用及对策。本章以某矿业集团某矿井作为应用对象，建立了煤矿生产物流系统的安全资源逆优化配置模型，以验证前述模型与方法的科学性和合理性。同时，综合考虑我国煤矿生产物流的安全资源配置现状，从宏观和微观两个层面提出了加强安全资源逆优化配置的对策。

第七章为结论与展望。本章总结了本书的研究结论，并对后续研究进行了展望。

二、研究框架

根据上述研究内容，构建本书的研究框架如图 1-2 所示。

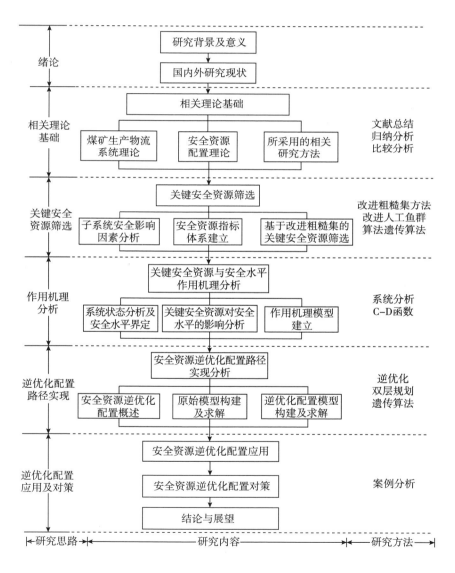

图 1-2　本书研究框架

第五节　主要创新点

本书面向煤矿生产物流系统提出了一种安全资源逆优化配置理论及其实现方法，首创性采用 Levy 飞行—人工鱼群算法（LF－AFSA）与遗传算法（GA）改进了粗糙集方法以筛选关键安全资源，在此基础上构建了逆优化模型并采用双层规划法和遗传算法对其求解，通过调整安全资源对安全水平的重要度使得当前配置方案成为最优，以实现不增加安全资源投入即可提升安全水平的目标。

本书的主要创新点如下：

第一，综合分析了煤矿生产物流系统中各类安全资源对系统的影响，在融合 Levy 飞行机制、人工鱼群算法及遗传算法基础上，提出了基于改进粗糙集的关键安全资源筛选方法，为优化粗糙集方法的性能并拓展其应用范围提供了理论基础。

煤矿生产物流系统安全资源种类繁多、数据庞杂，且随着开采环境与方式的变化，每种安全资源均对系统的安全可靠运行发挥着不同程度的作用，加之现实中受"安全至上"高压线政策的约束，我国大多数煤矿生产物流系统的安全资源与安全水平之间的样本数据存在冗余、遗漏、冲突等问题，而采用传统粗糙集方法对其进行离散化处理时存在断点过多、计算复杂度高等不足。

因此，本书结合人工鱼群算法可以快速优化候选断点集合且数据抗干扰能力强，Levy 飞行机制可以融合短距离探索性寻优与偶尔较长距离寻优，具有较强跳出局部最优能力等特征，在分析煤矿生产物流各子系统的安全影响因素基础上构建了安全资源指标体系，创新性地提出了一种基于 Levy 飞行—

人工鱼群算法（LF-AFSA）与遗传算法（GA）的改进粗糙集方法用于筛选影响煤矿生产物流系统的关键安全资源。

第二，探究了关键安全资源对安全水平的影响规律，提出了基于C-D生产函数的关键安全资源与安全水平作用机理分析方法，为剖析安全资源间的竞争关系及其对安全水平的影响提供了理论与方法支撑。

有鉴于安全资源总量的限制，煤炭生产企业不可能无限增加安全资源投入，在增加某一煤矿生产物流子系统的安全资源投入时必然会减少其他子系统的投入，同时子系统内部的安全资源也存在"厚此薄彼"的竞争，加上影响系统安全水平的关键安全资源随时间推移发生动态变化，传统的静态分析方法多以消除指标间的相关性为基础，难以直观反映安全资源间的动态竞争关系。而C-D生产函数在拟合安全资源与安全水平间的作用关系时能够以权重的形式灵活表达安全资源间的这种关系。

因此，本书在分析煤矿生产物流系统状态变化规律基础上，界定了系统安全水平的内涵并进行了安全等级划分，从关键安全资源投入及分配两方面分析了其对安全水平的影响，并选取C-D生产函数建立了关键安全资源与安全水平的作用机理模型。

第三，揭示了煤矿生产物流系统安全资源逆优化配置原理，提出了安全资源逆优化配置方法，为煤矿生产物流系统实现不增加安全投入即可提升安全水平提供了一种全新的问题导向解决思路，同时拓展并深化了资源优化配置理论的研究领域。

鉴于煤矿生产物流系统安全资源配置的不可逆性、间接性、时滞性及长效性等特征，常规的安全资源配置尽管可以解决在可行域内寻找最优方案的问题，但当外界环境发生变化，已投入的安全资源配置方案往往无法满足现阶段系统对安全水平的要求。本书中研究的安全资源逆优化配置方法能够较好地解决如何使给定的安全资源配置方案成为最优方案问题，即在不增加安全资源投入前提下，通过优化系统相关参数以使得当前安全资源配置方案成为最优方案。

因此，本书在建立安全资源配置原始模型基础上，采用逆优化方法将其转化为安全资源逆优化配置模型，同时采用双层规划及遗传算法对其进行了求解。

第二章　相关理论基础

煤矿生产物流系统安全资源逆优化配置是一个涉及多学科交叉的复杂系统问题，既需要综合运用系统管理理论进行宏观层面的问题剖析，又需要采用优化技术对其进行微观层面的数据分析。基于此，本章从煤矿安全投入制度及配置、运用的基本理论与方法等方面阐述了本书的理论基础。

第一节　煤矿安全资源投入制度演变及配置现状

一、煤矿安全资源投入制度的演变

改革开放以来，我国煤矿主要安全资源投入来源经历了"以国家财政支持为主""国家财政支持与煤炭生产企业提取维简费并存""以煤炭生产企业提取安全费用为主"三个阶段的变迁，逐步形成了我国煤矿安全资源投入制度，其演变过程大致可分为以下三个阶段：

（一）第一阶段（1949～1978年）：煤矿安全资源投入制度的形成期

1949～1978年我国尚处在计划经济发展阶段，煤炭工业发展具有国家投资煤矿、依据指令组织煤矿生产、政府统一调拨煤炭并确定价格等计划经济的诸多特征。此时，大多数国有煤矿的安全资源投入基本来源于政府投资。从 1965 年开始，政府允许煤炭生产企业从支出成本中提出简单再生产资金，并将安全资源投入列入其支出范围。1972 年，为保障煤矿的安全生产，我国政府进一步规范并制定了煤炭生产企业技术改造资金使用办法①。1976 年，煤炭工业部与财政部重新修订了煤炭生产企业维简费提取标准，由 1.5 元/吨原煤改为 2 元/吨原煤②。与此同时，我国财政按照"统一分配、重点使用"原则继续实施煤矿安全与更新改造投入补助。

在此期间，我国煤矿安全资源投入制度施行高度集中体制，在一定程度上促进了煤炭生产企业的安全生产，但由于安全资源投入内容主要侧重于基础设施建设及维持煤矿生产的技改措施等，加之提取标准、适用范围均比较单一，造成煤矿安全资源配置方式缺乏灵活性。

（二）第二阶段（1978~2001 年）：煤矿安全投入制度的发展期

1978 年的改革开放极大冲击了我国传统的计划经济体制，煤炭行业随之进入转型发展期。1980 年煤炭工业部与财政部提高了煤矿工程基金提取标准，由 2.5 元/吨原煤升为 4 元/吨原煤，其中煤炭生产企业需提取的标准变为了 2.75 元/吨原煤，此时企业逐步成为煤矿安全生产中维简费的资金来源主体③。为进一步提高煤矿安全生产水平，原煤炭工业部于 1981 年规定维简费支出中安全技改费用可以在 0.3 元/吨原煤④。1985 年，原煤炭工业部与财政部进一步规定了按照固定资产折旧基金及井巷工程基金制定煤矿维简费的

① 煤炭工业部.煤炭工业企业固定资产更新和技术改造资金使用范围和管理办法 [S].〔1972〕燃财字第 43 号.

② 煤炭工业部，财政部.煤炭工业企业更新改造资金使用范围 [S].〔1976〕煤财字第 735 号.

③ 煤炭工业部，财政部.国家统配和重点煤矿维持简单再生产资金使用的若干规定 [S].〔1980〕煤财劳字第 1100 号，〔1980〕财企字第 561 号.

④ 煤炭工业部.煤矿维持简单再生产资金使用与管理办法 [S].〔1981〕煤财字第 141 号.

提取标准，此时政府已退出对国有企业维简费的财政补贴①。1990年，通过提高计划内煤炭价格，维简费标准达到8元/吨原煤。随着改革开放力度的进一步加大，在市场机制作用下煤炭行业因产能过剩进入低迷期，1998年我国正式撤销煤炭部，政府对国有煤矿放权，而且政府财政不再补助维简费②。

在此期间，我国煤矿安全投入制度已逐步向市场经济体制过渡，且安全资源投入主体变为煤炭生产企业，扩大了煤矿的投资决策权。然而，因1998年国家对煤矿的安全资源投入锐减，加之已有的安全投入制度及维简费提取标准难以适应市场经济环境，我国煤炭生产条件不断恶化，煤矿百万吨死亡率急剧上升。此外，鉴于安全资源投入效益的延迟性特征，煤矿为追求最大利润，对其随意分配或挪用，使得安全资源投入未能得到有效配置。

（三）第三阶段（2001年至今）：煤矿安全资源投入制度的完善期

由于煤矿安全资源投入不足，安全事故频发，使得煤矿安全问题尤其是安全投入机制问题引起了我国政府的高度重视。2001年，政府决定重新开始对煤矿安全技改工程进行财政支持，并于2002年颁布了《安全生产法》，明确指出安全费用提取必须是强制性收入。2004年，为建立煤矿安全投入长期有效机制，财政部联合国家发展改革委、国家煤矿安全监察局共同制定了《煤炭生产安全费用提取和使用管理办法》《关于规范煤矿维简费管理问题的若干规定》③，标志着我国煤矿安全投入制度进入了一个新时期。2012年，我国政府提高了对煤矿安全费用的提取最低标准，并明确指出安全费用支出不仅包括安全生产设施投入，还包括预防性投入（如安全教育培训、煤矿职业

---

① 煤炭工业部.关于煤矿维持简单再生产资金使用管理的若干规定［S］.〔1985〕煤财字第312号.

② 中华人民共和国国务院.关于国有重点煤炭企业财务关系下放地方管理的通知［Z］.〔1998〕国发第22号.

③ 财政部，发展改革委，国家煤矿安全监察局.关于印发《煤炭生产安全费用提取和使用管理办法》和《关于规范煤矿维简费管理问题的若干规定》的通知［Z］.〔2004〕财建第119号.

病预防等）和提高安全水平的相关支出①，为煤矿全方位提升安全水平指明了方向。2016 年，国家煤矿安监局开展了煤矿安全资源投入专项监察，并提出了加强煤矿安全生产费用管理及投入使用规范的具体措施②。

从上述过程不难看出，正是基于我国煤矿安全资源投入机制的逐步完善，各级政府及企业对安全的重视度普遍提高，煤矿安全资源投入不断加大，大幅减少了煤矿事故的发生次数及煤炭生产的百万吨死亡率。

二、煤矿安全资源配置现状

煤炭生产企业对安全费用的使用实质是对煤矿生产过程涉及的各类安全资源进行配置的过程，即对煤矿生产物流系统的安全资源进行配置。因此，对煤矿生产物流系统合理进行安全资源配置有利于煤炭生产企业在提升安全水平、提高资源利用效率的同时降低投入成本。

由上述煤矿安全投入制度演变过程可知，在煤矿安全生产高压政策鞭策下，我国当前的安全投入制度主要针对煤矿瓦斯治理及监测、通风设备升级改造、机电设备改造、防尘系统及防治水投入、安全培训等费用提取与使用做了系列规定，但是较少涉及安全资源配置方面的具体规定及政策。

进一步调研发现，目前我国煤炭生产企业大多按照生产科、机电科、调度室、安检科、劳资科、培训科等部门的职责对安全资源进行配置，且一般是每年末由各部门管理人员根据本部门对安全生产的需要制订安全资源投入年度/月度计划，当编制计划获批后，各部门分别负责设备、设施等安全资源的使用，并进行安全效果评价。

不难发现，目前我国煤矿安全资源配置中主要存在以下问题：

---

① 财政部，国家安全生产监督管理总局. 企业安全生产费用提取和使用管理办法［S］.〔2012〕财企第 16 号.

② 国家煤矿安全监察局. 关于煤矿安全投入专项监察发现问题的通报［Z］.〔2016〕煤安监司办第 16 号.

一是未形成长期有效的安全资源配置机制。尽管我国煤矿安全投入制度不断完善，而且对安全投入的提取标准及使用范围均有明确的规定，但是却缺乏相应的政策及制度加以规范以引导煤炭生产企业合理配置安全资源，导致当前多为被动式、主观性、粗放式的资源配置管理。

二是未正确认识安全资源与安全水平的关系。煤矿生产物流系统安全水平的提升是一个动态的系统化过程，加上安全资源投入效果的时滞性、长效性等特征，为达到预定的安全目标，煤炭生产企业普遍存在"向安全投入要安全效益""安全资源投入越多，安全水平越高"的做法。过多投入的安全资源并不能显著提升煤矿生产物流系统的安全水平，由此导致安全资源冗余、企业负担增加。

三是未采用科学的方法合理配置安全资源。当前煤矿生产物流系统的安全资源配置多依据管理者的经验及企业的安全生产现状，按照年度/月度计划编制安全资源的投入使用情况，这种配置方式主观性较强，易受管理者的工作经验、知识背景及认知局限性等影响，加上安全资源投入总量的限制，管理者难以统筹整个煤矿生产物流系统对安全资源的需求状况、综合考虑各部门或子系统间的安全资源竞争状况，极易因安全资源配置不合理而引起煤矿安全生产的大幅波动，甚至引发煤矿安全事故。

四是未从系统整体最优角度考虑配置安全资源问题。由于安全资源配置的对象为煤矿生产物流系统，其主要包括采煤、掘进、通风、机电、排水、运输等子系统，其中任一子系统的安全资源需求得不到满足均会引起整个系统的安全水平波动。现状是煤矿多依据各部门职责进行安全资源配置，较难实现从系统最优角度统一配置安全资源，更未考虑煤炭生产过程各环节的相互影响、相互制约关系，各部门为了完成安全目标往往"各自为政"，从而导致整个煤矿系统安全资源配置效果不佳。

第二节　煤矿生产物流系统的内涵及特征

一、煤矿生产物流系统的内涵

如前文所述，本书研究的煤矿生产物流是指井工开采条件下的煤矿生产物流，后述中不再赘述。

煤矿物流始终存在于整个煤炭生产过程，即煤矿生产物流是指将煤炭从开采工作面运至井外的全部物流过程（王金凤，2005），主要包括以下三个环节：一是煤炭开采后经过运输、提升等方式送至地面；二是各类设备和材料购置后经过运输送至采掘面；三是将汇集矿井水排至地面，同时将新鲜空气送至采掘面，将有害气体（瓦斯、煤尘等）排至矿井外。

基于上述分析，本书将煤矿生产物流系统划分为两部分，分别为面向煤炭开采的供应物流系统和煤矿生产物流系统。其中，面向煤炭开采的供应物流系统是保障煤炭正常开采的前提条件，提供了煤炭开采必需的原材料、能源动力、设备、工具等；煤矿生产物流系统则是指将开采的煤炭从采掘面经过运输、提升等方式运至井外的物流过程，在此过程中仅有煤炭单一产品，其中的人流、风流、水流、电流、设备流等辅助流均未构成产品实体。

煤炭开采井工作业的特殊性决定了煤矿生产物流系统在采煤、掘进、通风、机电、排水、运输等流程中始终受到自然（水文、地质条件、煤层厚度等）和人为（设备、材料、能源、作业人员等）因素的交叉影响，表现为包含煤炭流、材料流、设备流、动力流、通风流、排水流等多种物流状态并存的复杂系统。为保障系统安全高效运转而配置的资源实质上就是对各种物流状态和物流环节的安全资源投入，决定了安全资源配置的过程，即这些物流状态和物流环节间的安全资源相互配合、相互制约的过程。

二、煤矿生产物流系统的特征

与其他类型的生产系统相比，煤矿生产物流系统有其显著的行业特征。

（1）煤矿生产物流系统是一个地下作业和地下建设的复合系统。煤矿生产物流系统包括采煤、掘进、通风、机电、排水、运输等子系统，它不仅是开采并运输煤炭的地下作业过程，还是一个边开采边施工的地下建设过程。随着采掘工作面的不断变化，还需要建设井下巷道工程（王金凤等，2014）。

煤矿生产物流系统包括流程型物流、离散型物流和批量型物流，这三种物流系统包含的物流状态既相互联系又相互影响。其中，流程型物流的主要特征是增加煤炭生产成本，但未构成煤炭产品实体，主要包括风流（实时通风以降低井下瓦斯、煤尘等有害气体）、电流（提供动力能源以保障系统设备正常运转）、水流（及时排出地面水和矿井水以避免发生水灾害）；离散型物流主要包括材料流（顶板、支护等辅助材料）和设备流（采煤、掘进、通风、机电、排水、运输等相关设备和工具）；批量型物流仅包括煤炭流，即通过改变煤炭所处的空间位置（由井下提升至地面）实现煤炭资源的利用价值。

（2）煤矿生产物流系统复杂。与流程型或装配型企业生产过程不同的是，煤矿生产物流系统的产品实体是天然赋存的煤炭，投入的各类设备、工具和配套措施均可类比为辅助材料将煤炭和岩石从采掘面运输至地面。其复杂性体现在：首先是面向煤炭开采的供应物流复杂，煤矿生产物流中辅助材料的购置、存储、使用、回收影响着采煤、掘进、通风、机电、排水、运输等子系统的安全运行，其辅助材料的类型繁多、供应量不一（与矿井设计、煤炭存储量、作业人员数量等密切相关）；其次是煤矿生产物流系统复杂，煤炭经过运输并提升至井外的整个过程包括煤炭流、材料流、设备流、动力流、通风流、排水流等多种物流状态，且受人—机—环—管等因素的交叉影响。

（3）煤矿生产物流系统作业环境动态变化。随着井下采掘和巷道施工的推进，煤矿生产物流系统的生产场地和作业环境随着时间推移动态变化，加之煤炭赋存条件的千差万别，由此使得系统的采掘方式、运输方式、提升方式等呈多样性变化。此外，生产过程中投入的各类安全资源也在随时间推移进行动态移动。

（4）煤矿生产物流系统涉及内容具有交叉性。煤矿生产物流系统不仅受到井下水文、地质条件、煤层厚度等自然因素影响，还受到设备、材料、能源、作业人员等人为因素影响，煤炭开采需要满足井下水文、地质条件、采矿工艺和开采安全等多方面要求，因而其涉及内容复杂。同时，考虑到煤矿生产的资源赋存条件和高危作业环境，煤矿生产物流系统还与采矿和安全工程密不可分。

（5）煤矿生产物流系统作业环境时刻面临着各种灾害的威胁。煤矿生产物流系统时刻面临着各种类型的灾害（如突水、瓦斯与煤尘爆炸、冒顶等）威胁，而且这些灾害具有突发性和不确定性等特征，一旦发生，大多会带来人员、财产的巨大损失。由于煤炭作业涉及诸多子系统，当这些子系统存在不安全因素时，会引起各子系统安全状态波动进而引起整个系统发生安全波动，引发煤矿事故与灾害。因此，针对煤矿生产物流系统的安全资源配置问题，必须考虑各子系统的影响。

第三节　安全资源配置相关理论

一、安全资源配置相关概念

对煤矿生产物流系统进行安全资源配置需要厘清以下三组概念：

1. 安全

安全作为安全科学的基础概念，众多专家学者从目标或功能角度给出了不同的定义（见表2-1）。

表 2-1 安全的定义

来源	定义
《中国百科大辞典》	安全是人和事物受到保障、免受伤害威胁的状态
《汉语大词典》	安全即平安、无危险，保护、保全
罗云（2013）	安全指消除能够造成人员伤害、引起设备破坏、发生财产损失或危害环境的条件
张景林（2014）	安全来源于主观和客观两方面，具有自然属性和社会属性
刘潜等（2014）	安全是避免人身心受外界干扰的一种状态

以上对安全的定义可以划分为两种：一是绝对安全观，该观点认为"安全是没有危险"；二是相对安全观，该观点认为"安全是人们可以接受的危险程度"。可见，现实中的安全应该不是一个独立存在的概念，它与危险相生相伴，即安全与危险是相互联系、对立统一的矛盾体。因此，无论是复杂还是简单的系统，不存在没有危险因素的事物，安全是一个相对的概念（汪赛等，2009）。

本书认为安全的相对性主要体现在三方面：首先，安全状态具有相对性，即相对于危险状态而言，绝对安全的状态不存在；其次，安全技术指标具有相对性，指相对于人们的认知程度、科学技术发展水平而言，安全技术指标是一个不断完善和修订的过程，不存在最佳或最完美的安全技术指标；最后，安全认识发展具有相对性，指相对于人们的认识发展过程而言，对系统安全机理、安全运行机制、安全管理的认识也在不断深化。

同时，安全作为一种客观的价值存在，从理论上可以度量，如运用"安全水平"标准可以描述系统的安全状态及所处的安全级别。在本书中，煤矿生产物流系统的安全水平可依据有无煤矿事故发生、隐患排查频率正常、隐患排查结果等指标加以衡量。

2. 投入与成本

投入是指企业为实现既定目标，在一定时期对人、财、物等资源的消耗总和；成本是指企业为了实现既定目标，通过一定途径和方法收集并消耗的材料、劳务等资源。

3. 安全投入与安全成本

目前，学界极易将安全投入与安全成本的概念混淆，两者虽然均为安全活动产生的相关消耗，但其内涵存在明显差异。

（1）安全投入与安全成本的内涵。安全投入是指企业为保证安全生产对人、财、物等资源的消耗，如改善作业环境、采用先进的机械设备、处理工伤事故、预防劳动人员职业病等（韩中等，2009）。依据安全投入主体的意愿，可以将其划分为主动安全投入和被动安全投入。其中，主动安全投入是为提高安全生产水平，主动和有意识地进行安全资源投入；被动安全投入是指为处理煤矿生产事故或安全隐患不得不进行的安全投入。

安全成本是为保证企业安全生产支付的全部费用和由事故或灾害引起的所有损失。安全成本的内容和范围既包括追求经济效益发生的费用，还包括事故或灾害引起的损失（王书明等，2009）。

（2）安全投入的目的。对煤矿生产物流系统而言，对采煤、掘进、机电、通风、排水、运输等子系统的安全设施、安全管理、安全培训等主动安全投入越多，系统的安全水平越高，生产事故发生的次数也会随之减少，相应的被动安全投入也会随之减少。

二、安全资源配置原理

安全资源配置是指在资源投入总量一定的条件下，通过调整各项安全资源投入以实现安全水平最高和安全效益最大。可见，安全资源配置的目标是实现安全水平和安全效益最佳，前提条件是确定安全资源投入总量，实现途径是对安全资源进行优化配置。为了更加清晰地认识安全资源配置原理，可以从安全资源投入和安全资源配置两方面分析其对安全水平、安全效益的影响。

1. 安全资源投入对安全水平、安全效益的影响

安全资源投入作为消耗性费用支出，无疑会增加企业投入的安全成本，从而降低企业利润，但安全水平的不断提升往往会减少事故发生概率，最终使得企业为此支出的成本降低；当企业过度追求经济效益而控制安全资源投入时，虽然短期内降低了安全成本，但生产过程对安全资源的需求得不到满足，因而产生的不安全因素会引发生产事故，导致企业的事故损失成本增加。因此，在进行安全资源配置之前需要分析安全资源投入对安全效益的影响，以寻找两者的最佳平衡点。

如前文所述，安全资源投入虽然可以提升安全水平，但提升速度随安全资源投入的变化而变化，两者的关系如图 2-1 所示。

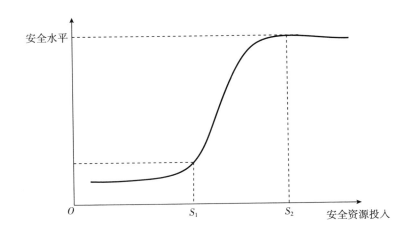

图 2-1　安全资源投入与安全水平曲线

随着安全资源投入的增加，整个系统安全水平整体呈上升趋势，说明提升系统安全水平需要安全资源投入。当安全资源投入量在（0，S_1）区间时，投入增加略微提升了安全水平，这是由于安全资源投入量偏少，且投入的资源需要一段时间磨合才能产生效果；当安全资源投入量在（S_1，S_2）区间时，安全水平上升速度迅速加快，这是因为安全资源的投入满足了系统需求，且安全资源间的相互作用产生了效果；当投入量处在点 S_2 时，安全水平达到最大值，此时若继续增加安全资源投入，安全水平一般不会持续增加，这是由于投入的安全资源已满足了系统需求，继续增加投入不仅不能提升安全水平，反而会产生资源冗余。由此可见，为达到最高安全水平，S_2 为安全资源投入的最佳点。

由之前对安全投入的分析可知，安全资源投入是为了保障生产过程的连续性、降低事故发生次数，以及减少对人、财、物等资源的消耗。安全资源投入对安全效益的影响如图 2-2 所示。

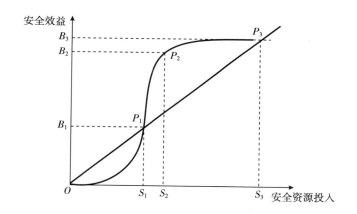

图 2-2　安全资源投入与安全效益曲线

从整体看，随着安全资源投入的增加，安全效益呈上升趋势；从变化过程看，当投入量在（0，S_1）区间时，安全效益随着投入量的增加而上升，但安全效益低于安全投入，对企业而言，此时的安全投入增加了安全成本，其安全效益并不明显。当安全资源投入量达到点 S_1 时，煤炭生产企业因顺利开展生产活动，使得安全投入等于安全效益；当投入量在（S_1，S_2）区间阶段时，随着安全资源的投入，生产过程的安全平稳运行使得安全效益及其上升速度加快，此时安全效益大于安全投入，并在点 S_2 时安全效益达到最大值；当投入量在（S_2，S_3）区间阶段时，安全效益增幅逐渐小于安全资源投入增幅；当投入量在点 S_3 时，安全效益等于安全投入，若继续增加安全投入，安全效益并未增加，由此会造成资源冗余。

2. 安全资源配置对安全水平、安全效益的影响

安全资源配置解决的是在既定的安全资源投入总量约束下，如何确定各项安全资源的配置数量以取得安全水平最高和安全效益最大。由于生产系统对人—机—环—管等安全资源的需求量不一致且相互影响、相互制约，并存在安全资源竞争，在有限的安全资源总量约束下，如果增加机器设备的安全资源投入量则会减少人员、环境或管理等方面的投入量，从而影响煤矿生产物流系统的安全水平。尤其是当安全资源的分配不合理时，因系统对某些安全资源的需求得不到满足，极易引发事故或灾害。由此可见，对有限的安全资源进行合理配置不仅影响系统的安全水平，而且决定着资源是否得到高效利用、是否给企业带来安全效益。

同时，安全资源配置还需综合考虑各项安全资源对安全水平的价值系数、系统对安全资源的消耗系数以及安全资源供应量等因素，在此基础上确定目标函数和约束条件，通过建立安全资源配置模型以得到最佳分配方案。

三、煤矿生产物流系统安全资源配置特征

煤矿生产物流系统安全资源配置作为一种特殊的资源投入，主要有以下特征：

1. 预防性和不确定性

煤矿生产物流系统安全资源配置的目的是保障煤炭生产过程的顺利进行、减少事故或灾害发生，以实现安全水平最高和安全效益最大，因此属于事前投入，即安全资源配置具有预防性。此外，煤矿生产物流系统安全资源投入配置方案虽已事前确定，但受众多因素影响，各类安全资源的相互作用效果及产生效益具有不确定性。例如，投入主体制定的安全资源配置方案在一定时期内可以达到最佳安全水平，但随着井工开采及运输、通风等环境的改变及作业人员的变更，上述最佳资源配置方案实施效果不确定，尤其是当外界因素干扰过多时，资源配置效果往往与预期存在较大的差距。

2. 间接性和时滞性

与一般资源配置不同的是，煤矿生产物流系统安全资源配置是为了实现安全生产对资源投入和使用做出安排的过程。它不是产品生产资料的投入，不能变现为产品的数量和质量，只能用事故或灾害减少次数、事故带来的损失大小等指标加以衡量。

另外，安全资源配置是不断调整安全资源投入的动态过程，其效益需要在煤矿生产物流系统运行后，采用事故或灾害的减少、事故损失等指标加以体现。所以安全资源配置是防患于未然，不具有立竿见影的效果，即安全资源配置具有时滞性。同时，煤矿在追加安全资源投入时，需要针对安全资源配置的时滞性，综合考虑前期配置情况，进而有序、有目的地配置安全资源，以避免安全资源投入过多引起资源浪费。

3. 长效性和多效性

安全资源配置会产生长久性的效益，即安全资源的科学合理配置能在一定时期内为煤炭生产企业带来可观的效益。例如，安全科技投入研究效益可长久应用于安全工作中，安全技能培训可以使作业人员熟练掌握安全操作技能，进而达到长期提升安全水平的目的。

同时，煤矿生产物流系统安全资源配置的多效性体现在：通过改良生产设备和操作技术，以保证生产过程正常运行；通过保护作业人员的身心健康并对其开展安全技术培训，以不断提升劳动效率、减少人为失误；通过降低事故或灾害发生率减少人员伤亡和财产损失等，以实现提升企业的经济效益与社会效益的目标。

综上所述，煤矿生产物流系统安全资源配置在一定时期内会增加企业的安全成本，具有预防和不确定性、间接和时滞性、长效及多效性等特征。但从长远来看，它不是单纯的资源消耗，其效益存在于整个系统的运行过程，不仅有利于保证煤炭生产过程顺利进行，还有利于降低事故的发生，长远地提高企业的安全水平和效益。

第四节　本书采用的研究方法

为解决煤矿生产物流系统安全资源逆优化配置问题，围绕研究背景中的三个子问题，本书将粗糙集方法与改进人工鱼群算法用于识别关键安全资源，将逆优化方法与双层规划方法用于构建安全资源逆优化模型，并采用遗传算法进行求解。

一、逆优化方法

逆优化问题因其重要的理论意义和工程应用价值已成为国内外学术界研究的热点，最早由地球物理学家提出，他们在研究具体问题时遇到大量的未知模型参数，而这些参数通常只有一些估计值或观测值（如地核的直径），在现实中得不到真实值。在此背景下，Tarantola 等（1979）将经常提到的优化问题定义为正演问题（Forward Problem），这类问题可以根据已知的目标函数和约束条件计算决策变量的最佳组合值。而对于现实中存在大量的参数未知，仅能近似得到这些参数的估计值等问题，Tarantola（1993）提出了逆优化问题（Inverse Optimization Problem）并给出了定义，即通过调整目标函数系数、约束条件中系数矩阵或右端项等未知参数值，使已得到的解成为调整后问题的最优解[①]，同时使参数调整量最小（一般在 l_1，l_2，l_∞ 范数下）。

（一）逆线性规划基本概念

一般形式的线性规划问题可描述为：

$$\min c^T x$$

$$\text{s. t.} \begin{cases} Ax \geqslant b \\ r \leqslant x \leqslant d \end{cases} \tag{2-1}$$

其中：x 为决策变量，$x \in R^n$；

c 为目标函数价值系数向量，$c \in R^n$；

b 为约束条件右边项，$b \in R^m$；

r、d 为边界约束向量，r，$d \in R^n$；

A 为技术系数矩阵，$A \in R^{m \times n}$。

而一般形式的逆线性规划问题可定义如下：

给定线性规划问题（2-1）的一个可行但非最优解 x^0，要求在某 L_p 范数下，通过调整目标函数中的价值系数参数 c，在调整量尽可能小的情况下使得该可行解转变为新问题的最优解。

设调整后的价值系数为 $\hat{c}$，并记：

$$T(c, A, b, x) = \min_x \{ c^T x \mid Ax \geqslant b, r \leqslant x \leqslant d \} \tag{2-2}$$

则有逆线性规划问题：

$$\min \| \hat{c} - c \|$$

$$\text{s. t.} \ \hat{c}^T x^0 = T(\hat{c}, A, b, x) \tag{2-3}$$

显然，以上对价值系数参数 c 的调整并不影响原线性规划问题（2-1）

---

① A. Tarantola. Deconvolution and inverse theory: Application to Geophysical Problems ［J］. Physics of the Earth and Planetary Interiors, 1993, Volume 78, Issue 1-2, pp. 154.

的可行域，因此要求给定的解 x^0 必须是可行的，即：

$$x^0 \in \{x \mid Ax \geq b, \ r \leq x \leq d\}$$

同样地，已有学者证明问题（2-3）存在唯一最优解且给定的解 x^0 为其可行域 $F = \{x \mid Ax \geq b, \ r \leq x \leq d\}$ 上的某个顶点。

（二）基于线性规划的求解算法

线性规划（2-1）的对偶问题如下：

$$\max b^T y + r^T \sigma - d^T \rho$$

$$\text{s. t.} \begin{cases} A^T y + \sigma - \rho = c \\ y, \ \sigma, \ \rho \geq 0 \end{cases} \tag{2-4}$$

根据线性规划的 Kuhn-Tucker 条件，显然：

引理 2.1 给定线性规划问题（2-1），当且仅当存在向量 x 和 $(y, \ \sigma, \ \rho)$，满足：

$$\begin{cases} Ax \geq b, \ r \leq x \leq d \\ A^T y + \sigma - \rho = c, \ y, \ \sigma, \ \rho \geq 0 \\ y^T(Ax - b) = 0 \\ \sigma^T(x - r) = 0 \\ \rho^T(d - x) = 0 \end{cases}$$

时，向量 x 为其最优解。并且在此种情况下，向量 $(y, \ \sigma, \ \rho)$ 为对偶问题（2-4）的最优解。

设给定问题（2-1）的可行但非最优解为 x^0，令序数集：$I = \{1, \ 2, \ \cdots, \ m\}$，$J = \{1, \ 2, \ \cdots, \ n\}$。各约束条件下的下标变量集合分别记作：$\overline{B} = \{i \in I \mid \sum_{j \in J} a_{ij} x_j = b_i\}$，$\overline{R} = \{j \in J \mid x_j^0 = r_j\}$，$\overline{D} = \{j \in J \mid x_i^0 = d_i\}$，$F = \{j \in J \mid r_i < x_i^0 < d_i\}$，并设调整后的价值系数为 $\hat{c}$。

根据引理 2.1，使 x^0 转变成为问题（2-1）的最优解，则：

$$\begin{cases} \sum_{i \in \overline{B}} a_{ij} y_i + \sigma_j = \hat{c}_j & \forall j \in \overline{R} \\ \sum_{i \in \overline{B}} a_{ij} y_i - \rho_j = \hat{c}_j & \forall j \in \overline{D} \\ \sum_{i \in \overline{B}} a_{ij} y_i = \hat{c}_j & \forall j \in F \end{cases} \tag{2-5}$$

本书中，若取 L_1-范数，则：

$$\|\hat{c} - c\| = \sum_{j=1}^{n} |\hat{c}_j - c_j|$$

设 $\hat{c}_j = c_j + u_j - v_j$，且 u_j，$v_j \geqslant 0 (j = 1, 2, \cdots, n)$。其中，$u_j$ 和 v_j 分别表示参数 c_j 的增减量，可知 u_j 和 v_j 不可同时为正值，即 $u_j v_j = 0$。

依据式（2-5），逆线性规划问题（2-3）可通过转换为如下的线性规划问题进行求解：

$$\min \sum_{j=1}^{n} u_j + \sum_{j=1}^{n} v_j$$

$$\begin{cases} \sum_{i \in \overline{B}} a_{ij} y_i + \sigma_j - u_j + v_j = \hat{c}_j & \forall j \in \overline{R} \\ \sum_{i \in \overline{B}} a_{ij} y_i - \rho_j - u_j + v_j = \hat{c}_j & \forall j \in \overline{D} \\ \sum_{i \in \overline{B}} a_{ij} y_i - u_j + v_j = \hat{c}_j & \forall j \in F \\ \sigma_j \geqslant 0, \ j \in \overline{R}; \ \rho_j \geqslant 0, \ j \in \overline{D} \\ y_i \geqslant 0, \ i \in \overline{B}; \ u_j \geqslant 0, \ v_j \geqslant 0, \ j \in J \end{cases} \quad (2\text{-}6)$$

这是一类一般形式的线性规划问题，通过单纯形法或修正单纯形法可以计算求解。

（三）逆优化问题的扩展

前述逆线性规划解决的是针对给定某一可行但非最优解，如何改变模型参数值将其转变为最优解的问题。

另一类逆优化问题（Inverse Optimization Problem）侧重于解决如何最小范围调整模型参数使得目标函数值逼近预期数值或者使得已知目标数值实现最优化，此过程中未过多考虑决策变量（Ahuja 和 Orlin，1998）。

假设某一线性规划问题可表示为：

$$Q(c) = \min_{x} \{c^T x \mid Ax = b, \ x \geqslant 0\} \quad (2\text{-}7)$$

给定价值系数向量集合 $C \in R^n$ 及一个实数值 z^*，逆最优值问题即是从集

合 C 中寻找适当的向量 c，使得目标函数最优值趋近于给定的 $Q(c)$。假设，

$$f(c)=\begin{cases} |Q(c)-z^*|, & Q(c)\in R \\ +\infty, & Q(c)\in\{-\infty,\ +\infty\} \end{cases} \tag{2-8}$$

那么，逆最优值问题可表示为：

$$\min_{c}\{f(c)\,|\,c\in C\} \tag{2-9}$$

研究表明，当价值系数向量集合 C 和可行域为非空时，逆最优值问题（2-9）可以转化为凸优化问题，可采用多项式进行求解。

不难发现，逆最优值问题仅限于调整价值系数实现给定的目标函数最优化，未进行资源消耗系数及资源供应量等参数研究。然而，在实际运用中学者们发现调整资源消耗系数或资源供应量，即调整约束条件的技术系数矩阵参数或右项向量，可以实现给定的目标函数最优（Burton 和 Toint，1994）。

基于此，可以将逆优化问题在此基础上进行重新定义及拓展。即对于线性规划问题（2-1），假设当前目标函数最优值为 z^0，给定的期望数值为 z^*，如何通过调整价值系数 C、消耗系数 A、资源供应量 b 等模型参数，使调整后问题的目标函数最优值 z 尽可能与 z^* 接近，同时将所调整参数的总改变量限制在某一约束条件集合 G 内。可表示为：

$$T(c,\ A,\ b,\ x)=\min_{x}\{c^Tx\,|\,Ax\geqslant b,\ r\leqslant x\leqslant d\} \tag{2-10}$$

对应的逆最优值问题可表示为：

$$\min\{|T(\hat{c},\ \hat{A},\ \hat{b},\ x)-z^0|\,|\hat{c},\ \hat{A},\ \hat{b}\in G\} \tag{2-11}$$

这里，G 为所需满足的特定约束条件集合：

$$G=\{(\widetilde{c},\ \widetilde{A},\ \widetilde{b})\,|\,\|\widetilde{c}-c\|+\|\widetilde{b}-b\|+\sum_{j}\|\widetilde{A}_j-A_j\|\leqslant g^*\} \tag{2-12}$$

其中，$g^*\geqslant0$ 为模型参数改变总量可接受的上限值，$\|\cdot\|$ 为 L_p-范数算子，用于度量向量空间。

1. 调整价值系数参数

当线性规划问题（2-1）的可行域：$F=\{x\,|\,Ax\geqslant b,\ r\leqslant x\leqslant d\}$ 为凸多边形，

G 为非空的紧凸集时，逆最优值问题(2-9)可转换成如下的双线性规划问题：

$$\min \ (c+u-v)^T x$$

$$\text{s. t.} \begin{cases} A^T y + \sigma - \rho - u + v \leq c \\ Ax = b \\ b^T y + r^T \sigma - d^T \rho \geq z^* \\ \sum_{j=1}^{n} (u_j + v_j) \leq g^* \\ x, \ u, \ v \geq 0 \\ y \ \text{自由} \end{cases} \tag{2-13}$$

可见，问题（2-13）是一类无交叉的双线性规划问题，陈高波等（2002）给出了一种有效计算求解方法，即线性逼近算法。

2. 调整资源拥有量

当考虑调整约束条件右边项向量 b 时，分别记 b 的增减量为 m 维的列向量 u 和 v，且 u_i，$v_i \geq 0$，$u_i v_i = 0 (i=1, 2, \cdots, m)$，逆最优值问题（2-9）可转化成如下线性规划问题：

$$\min c^T x$$

$$\text{s. t.} \begin{cases} Ax - u + v \geq b \\ c^T x \geq z^* \\ \sum_{j=1}^{n} (u_j + v_j) \leq g^* \\ x, \ u, \ v \geq 0 \end{cases} \tag{2-14}$$

可见，上述规划属于一般线性规划问题，采用单纯形法或修正单纯形法即可求解。

3. 调整技术系数矩阵

当考虑调整技术系数矩阵 A 中的元素 a_{ij} 时，设 a_{ij} 的增减量分别为 u_{ij} 和 v_{ij}，则 u_{ij}，$v_{ij} \geq 0$，且 $u_{ij} v_{ij} = 0 (i=1, 2, \cdots, m; j=1, 2, \cdots, n)$，写成矩阵

形式：$U = (u_{ij})_{m \times n}$，$V = (v_{ij})_{m \times n}$。

逆最优值问题（2-9）可转换成如下非线性规划问题：

$\min c^T x$

$$\text{s. t.} \begin{cases} (A + U - V)y + \sigma - \rho \leqslant c \\ (A + U - V)x \geqslant b \\ c^T x \geqslant z^* \\ b^T y + r^T \sigma - d^T \rho - c^T x \leqslant 0 \\ \sum\limits_{i=1}^{m} \sum\limits_{j=1}^{n} (u_{ij} + v_{ij}) \leqslant g^* \\ x,\ U,\ V \geqslant 0; \\ y\ \text{自由} \end{cases} \tag{2-15}$$

问题（2-15）为一类约束条件含有未知变量乘积项的非线性规划问题。

二、粗糙集方法

粗糙集方法（Rough Sets）由波兰数学家 Z. Pawlak 于 1982 年提出。该方法一般用来定量分析不精确、不完备的信息与知识（张晓明，2014）。目前，借助于成熟的数学基础和求解工具，粗糙集方法通过分析和推理已知数据，可以挖掘隐性知识以揭示潜在规律，并逐步形成较为完善的理论体系。由于粗糙集处理数据时不需要先验知识，可以依据自身数据的挖掘分析内部潜在的规律，使得该方法与其他处理不确定性问题的方法如概率论、灰色关联理论、证据理论、模糊数学等实现了优势互补。

粗糙集理论最早推广应用于数学和计算机领域，随后加拿大、美国、波兰等众多专家学者对粗糙集与模糊理论、进化理论、神经网络理论的融合应用进行了深入研究，主要包括知识获取、机器学习、人工智能、过程控制、决策分析等领域（Yao 和 Zhou，2016）。

（一）粗糙集基本概念

1. 知识

粗糙集理论中知识作为最基本的概念，可以用来描述任何事物，并且能够依据这些事物不同的基本属性和特征对其进行分类，即知识可以用来区分真实或抽象世界的分类模式（罗彬等，2011）。

由研究对象组成的非空有限集合 U 称为论域，U 的任何一个子集 $X \subseteq U$，称为论域 U 的一个概念。规范起见，规定空集也是一个概念，即空概念。

2. 信息系统

$$S = \{U, \ Q, \ V, \ f\} \tag{2-16}$$

其中，U 表示对象的有限集；Q 表示属性的有限集；$Q = C \cup D$，C 为条件属性的子集，D 为决策属性的子集；

V：$V = \cup_{p \in A} V_p$，V_p 是属性 P 的域，即 V 为属性 P 的属性值的集合；

f：$U \times A \rightarrow V$ 是总函数，使得对每个 $x_i \in U$，$q \in A$，有 $f(x_i, \ q) \in V_q$。

3. 不可辨关系

对于论域 U，R 是 $U \times U$ 上的等价关系，$A = \{U, \ R\}$ 为近似空间，R 为不可分辨关系。若 $x, \ y \in U$；$(x, \ y) \in R$，则 $x, \ y$ 在 A 中是不可分辨的。设 $P \subset Q$，$x_i, \ x_j \in U$，定义二元关系 $ind (P)$ 为不可分辨关系，则：

$$ind(P) = \{(x_i, \ x_j) \in U \times U \mid \ \forall p \in P, \ P(x_i) = P(x_j)\} \tag{2-17}$$

$x_i, \ x_j$ 在 S 中关于属性集 P 是不可分辨的，当且仅当 $P(x_i) = P(x_j)$ 对所有的 $p \in P$ 成立，即 $x_i, \ x_j$ 不能用 P 中的属性加以分辨。

4. 上近似、下近似与边界区域

信息系统 $S = \{U, \ Q, \ V, \ f\}$ 中，设 $X \subset U$ 是全域上的一个子集，则 X 的上近似集合、下近似集合及边界区域可分别表示如下：

上近似集合：$\overline{P}X = \{Y \in \frac{U}{P} : Y \cap X \neq \phi\}$

下近似集合：$\underline{P}X = \{Y \in \frac{U}{P} : Y \subseteq X\}$

边界区域：$Bnd_p(X) = \overline{P}X - \underline{P}X$

$\underline{P}X$ 是 $X \subset U$ 中被分类的元素的集合，即包含在 X 区域内的最大集合；$\overline{P}X$ 是 U 上可能被分类的元素集合，即包含在 X 区域内的最小集合；$Bnd_p(X)$ 是分类既不能在 $X \subset U$ 区域内又不能在 $U-X$ 区域内的元素集合。

（二）可辨识矩阵与属性重要度思想

在信息系统 $S = (U, A, V, f)$ 中，U 为论域，表示研究对象的非空有限集合；$A = C \cup D = \{a_1, a_2, a_3, \cdots, a_n\}$ 是属性集合，且 $C \cap D = \varphi$，$C = \{c_1, c_2, \cdots, c_n\}$ 为条件属性集，$D = \{d\}$ 称为决策属性集。

设对象全集 U 按照决策属性 D 被分成不相交的类族，即 $D = (X_1, X_2, \cdots, X_m)$，则 S 中 C 的可辨识矩阵为 $m \times n$ 阶矩阵，其第 i 行第 j 列元素 $TD(ij)$ 为：

$$TD(ij) = \begin{cases} \{c_k \mid c_k \in C \wedge c_k(x_i) \neq c_k(x_j)\}, & d(x_i) \neq d(x_i), \ k \leq n \\ 0, & d(x_i) = d(x_i) \end{cases} \qquad (2-18)$$

对于可辨识矩阵 $TD(ij) = (t_{ij})_{m \times n}$，属性 $a \in A$，则属性 a 在 A 中的重要度为：

$$\sigma(a) = \sum_{i=1}^{n} \sum_{j=1}^{n} \frac{\lambda_{ij}}{|t_{ij}|} \qquad (2-19)$$

其中，$|t_{ij}|$ 表示 t_{ij} 包含属性个数；当 $a \notin t_{ij}$ 时，$\lambda_{ij} = 0$；当 $a \in t_{ij}$ 时，$\lambda_{ij} = 1$。

通过式（2-18）可看出，属性 $a \in A$ 的重要度可以依据去掉该属性 $\{a\}$ 后剩余信息量变化的大小来衡量（Raza 和 Qamar，2016；Eskandari 和 Javidi，2016）。一般而言，某属性出现的次数越多，其所在项长度就越短，说明该属性对决策属性而言越重要。因此，在筛选重要度大的属性时，可以从可辨识矩阵中寻找出现次数多、出现项短的属性。

三、双层规划方法

（一）双层规划基本概念

双层规划（Bilevel Programming Problem，BLPP）是一类包括上层和下层的二层递阶结构系统优化问题，上下层问题均包括各自的决策变量、约束条件与目标函数，是公认的 NP-hard 问题（苏凯凯等，2015；Kuo 和 Han，2011）。

双层规划问题主要用于解决双层级结构系统存在的规划及管理决策。在管理者制定决策方案时，它们通常存在以下关系：一是上层管理者的目标决策会指引下层管理者并且不干涉他们制定的决策，下层管理者把上层管理者的决策作为制定决策的基准，然后自主决策，即上下层管理者的决策均是在各自的目标函数、约束条件基础上进行优化；二是上层管理者在制定决策时需要考虑下层管理者制定的自主决策产生的影响，若发生不利影响时可反馈给下层管理者重新修订决策，即上下层管理者的决策优化相互联系、相互制约。

（二）双层规划一般模型

根据上述双层规划的概念描述，其一般模型可表达为：

$$\begin{cases} \min_{x \in X} F(x, y) \\ \text{s. t. } G(x, y) \leq 0, \text{ 其中 } y \text{ 求解} \\ \min_{y \in Y} f(x, y) \\ \text{s. t. } g(x, y) \leq 0 \end{cases} \quad (2-20)$$

其中，F, f：$X \times Y \to R$；G：$R^n \times R^m \to R^p$；g：$R^n \times R^m \to R^q$；集合 X 与 Y 为变量的其他约束，如决策变量的非负性约束、上下界约束等。

在模型（2-20）中：

$$\begin{cases} \min_{x \in X} F(x, y) \\ \text{s. t. } G(x, y) \leq 0, \text{ 其中 } y \text{ 求解} \end{cases} \quad (2-21)$$

为双层规划模型的上层问题，上层变量为 $x = (x_1, x_2, \cdots, x_n)^T \in X \subset R^n$。称：

$$\begin{cases} \min\limits_{y \in Y} f(x, y) \\ \text{s. t. } G(x, y) \leqslant 0 \end{cases} \quad (2-22)$$

为双层规划模型的下层问题，下层变量为 $y = (y_1, y_2, \cdots, y_n)^T \in Y \subset R^n$。

不难发现，上层问题（2-21）的最优解既与上层变量 x 相关，又与下层问题（2-22）的最优解 y 相关，而下层问题（2-22）的最优解 y 受制约于上层变量 x。由此可见，下层问题（2-22）实质上是一个受上层变量 x 影响的寻优问题。

四、改进人工鱼群算法

（一）人工鱼群算法基本思想

人工鱼群算法（Artificial Fish Swarm Algorithm，AFSA）是一种基于模拟鱼群觅食、聚群和追尾行为的群智能启发式算法，旨在通过构造个体人工鱼行为以寻找鱼群中的局部最优，最终实现全局最优（Huang 等，2012）。与寻优算法相比，两者在寻优方式、搜索局部和全局最优解等方面存在耦合关系，如图 2-3 所示。

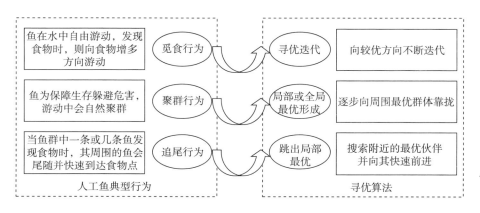

图 2-3 人工鱼典型行为与寻优算法的耦合关系

（二）人工鱼群算法数学描述

1. 基本定义

采用人工鱼群算法首先要作出如下基本定义：

$X=(x_1,\ x_2,\ \cdots,\ x_n)$ 为个体人工鱼状态；

$x_j(j=1,\ 2,\ \cdots,\ n)$ 为寻优变量；

X_{rec} 为个体人工鱼当前状态；

X_{new} 为个体人工鱼视野范围内随机选择的一个新状态；

X_{cen} 为个体人工鱼视野范围内鱼群的中心状态；

X_{max} 为个体人工鱼视野范围内食物浓度最大的人工鱼状态；

$Y=F(X)$ 为个体人工鱼当前的食物浓度；

Z 为人工鱼的视野范围；

λ 为人工鱼移动步长；

δ 为拥挤度因子；

N 为鱼群规模数；

N_f 为个体人工鱼视野内的伙伴数目；

N_t 为人工鱼每次觅食的试探次数。

2. 行为描述

人工鱼的典型行为主要包括觅食、聚群、追尾和随机等方式（Li 和 Jin，2014）。

（1）觅食行为。若 X_{new} 的食物浓度大于当前状态 X_{rec}，个体人工鱼向该方向移动，反之则重新随机选择状态，判断是否满足前进条件，若反复 N_t 次后仍不满足，则随机移动一步。移动位置可以用数学公式描述如下：

$$\begin{cases} F(X_{new})>F(X_{rec}),\ X_{next}=X_{rec}+Rand(\ )\cdot\lambda\cdot\dfrac{X_{new}-X_{rec}}{\|X_{new}-X_{rec}\|} \\ F(X_{new})<F(X_{rec}),\ X_{next}=X_{rec}+Rand(\ )\cdot\lambda \end{cases} \tag{2-23}$$

（2）聚群行为。若 $N_f/N<\delta$，即视野范围内食物浓度大于当前位置食物浓

度且不太拥挤，那么人工鱼将向该鱼群的中心位置 X_{cen} 移动，否则执行觅食行为。移动位置可以用数学公式描述如下：

$$
\begin{cases}
X_{cen} = \dfrac{1}{N_f} \displaystyle\sum_{f=1}^{N_f} X_j \\[3mm]
X_{next} = X_{rec} + Rand(\,) \cdot \lambda \cdot \dfrac{X_{cen} - X_{rec}}{\|X_{cen} - X_{rec}\|}
\end{cases}
\tag{2-24}
$$

（3）追尾行为。若 $N_f/N < \delta$，即视野范围内人工鱼 X_{max} 的食物浓度大于当前位置食物浓度且不太拥挤，那么人工鱼将向人工鱼 X_{max} 移动，否则执行觅食行为。移动位置可以用数学公式描述如下：

$$
X_{next} = X_{rec} + Rand(\,) \cdot \lambda \cdot \frac{X_{max} - X_{rec}}{\|X_{max} - X_{rec}\|}
\tag{2-25}
$$

（4）随机行为。本书将随机行为界定为人工鱼觅食行为的缺省行动，即人工鱼在其视野范围内随机选择一种状态并移动。

3. 行为选择

人工鱼行为选择时需综合考虑视野范围、食物浓度、自身饥饿度等环境因素，从而选择一个使得人工鱼新状态最优的行为。在本书中，当执行聚群和追尾行为不成功时，再执行觅食行为。

4. 公告板

公告板记录了最优人工鱼的状态。每一次迭代寻优后，应比较个体人工鱼状态与公告板的优劣，若该状态优于公告板，则对其更新，并保存历史最优人工鱼状态，否则保留公告板记录，继续寻优。

（三）基于 Levy 飞行—人工鱼群算法

针对传统人工鱼群算法后期搜索的盲目性大、易陷入局部最优等问题，本书利用 Levy 飞行机制改变人工鱼的移动步长及运动轨迹，提出了基于 Levy 飞行的改进人工鱼群算法，并将其用于粗糙集算法中的数据离散化处理。

1. Levy 飞行机制

Levy 飞行机制是一种随机游走的马尔可夫链（Markov Chain），随机步长服从 Levy 分布，满足幂律分布形式（Aydoğdu 等，2016），即：

$$levy(s) \sim |s|^{-\lambda}, \ 1 < \lambda \leqslant 3 \tag{2-26}$$

其中，s 为随机步长，λ 为指数参数。

计算 Levy 飞行的搜索路径时，通常采用 Mantegna 提出的 Levy 飞行路径计算公式：

$$s = \frac{\mu}{|v|^{1/\beta}} \tag{2-27}$$

其中，参数 β 取值范围为（0，2），参数 μ、ν 为正态分布随机数，服从如式（2-28）所示的正态分布：

$$\mu \sim N(0, \ \sigma_u^2), \ \nu \sim N(0, \ \sigma_v^2) \tag{2-28}$$

$$\sigma_u = \left(\frac{\Gamma(1+\beta) \times \sin(3.14 \times \beta/2)}{\Gamma((1+\beta)/2) \times \beta \times 2^{(\beta-1)/2}} \right)^{\frac{1}{\beta}}, \ \sigma_v = 1 \tag{2-29}$$

根据式（2-27）~式（2-29）即可计算出 Levy 飞行步长。

2. 人工鱼群算法的改进

本书主要采用 Levy 飞行机制改进了人工鱼觅食行为、聚群行为及追尾行为的位置移动策略。

（1）觅食行为改进。若 X_{new} 的食物浓度大于当前状态 X_{rec}，个体人工鱼直接移动至该位置，反之则重新随机选择状态，判断是否满足前进条件，若反复几次后仍不满足，则按照 Levy 机制随机移动一步。改进后的觅食行为移动位置可以描述为：

$$\begin{cases} F(X_{new}) > F(X_{rec}), \ X_{next} = X_{new} \\ F(X_{new}) < F(X_{rec}), \ X_{next} = X_{rec} + \alpha \times sign(rand - 0.5) \times levy(\lambda) \end{cases} \tag{2-30}$$

（2）聚群行为改进。若 $N_f/N < \delta$，即视野范围内食物浓度大于当前位置食物浓度且不太拥挤，那么人工鱼将直接移动至该鱼群的中心位置 X_{cen}，否则执行觅食行为。改进后的聚群行为移动位置可以描述为：

$$X_{next} = X_{cen} = \frac{1}{N_f} \sum_{f=1}^{N_f} X_j \tag{2-31}$$

（3）追尾行为改进。若 $N_f/N<\delta$，即视野范围内人工鱼 X_{max} 的食物浓度大于当前位置食物浓度且不太拥挤，那么人工鱼将移动至人工鱼 X_{max}，否则执行觅食行为。改进后的追尾行为移动位置可以描述为：

$$X_{next}=X_{max} \tag{2-32}$$

五、遗传算法

（一）遗传算法基本原理

遗传算法（Genetic Algorithm，GA）是一种在求解全局最优解过程中遵循"适者生存、优胜劣汰"的遗传机制，通过模拟自然生物遗传的复制、交叉和变异等现象，采用概率化的寻优方法和并行式的搜索方式，自动获得搜索空间并调整搜索方向，以此提升全局寻优能力的寻优方法（马永杰和云文霞，2012）。目前，该方法已应用于机器学习、人工智能、组合优化等领域。

遗传算法寻优时首先需要对变量编码形成染色体，并从任一初始种群随机赋予一组初始解；其次设定目标函数适应度值，以此评价个体的优劣程度，通过遗传操作步骤（包括选择、杂交和变异等）实现个体的优胜劣汰，同时产生一群更适应环境的个体及新染色体，向更优解方向进化；最后被保留的染色体即为最适应环境的个体，其对应的解即为问题的最优解。

（二）遗传算法求解流程

遗传算法求解流程一般由编码、初始群体产生、适应度评价函数、算法终止条件、选择、交叉和变异等组成（李昌兵等，2013）。

1. 编码

遗传算法中可将解的表现形式转化为基因的映射过程称为编码。寻优前需要将搜索空间的解表示为基因串结构，即染色体。目前，常见的编码方法主要有二进制编码、浮点编码、符号编码等。

2. 初始群体产生

即根据解数据确定染色体长度，并随机生成 N 个染色体组成的初始群体

$pop_i(t)$，其中 $t=1$；$i=1$，2，3，$\cdots$，N。

3. 适应度评价函数

适应度评价函数是判别个体或解的优劣的标准。一般而言，适应度评价函数的定义方式与拟解决的问题及目标函数紧密相关。根据具体问题，可计算群体 $pop(t)$ 中每一个染色体 $pop_i(t)$ 的适应度 $f_i=fitness(pop_i(t))$。

4. 算法终止条件

算法终止条件是遗传算法寻优时的收敛准则，如适应度函数值达到某个指定值、迭代次数满足最大要求、新一代个体适应度函数值均无明显改变等。

5. 选择操作

选择操作主要是根据适应度评价函数值大小，以一定的选择策略（如比例选择、保存最佳个体等）从当前群体 $pop_i(t)$ 中选取一部分染色体，并遗传到下一代群体进而构成一个新种群 $newpop(t+1)=\{pop_j(t) \mid j=1$，$2$，$\cdots$，$N\}$。

6. 交叉操作

交叉操作是指以交叉概率 P_c 随机选取群体中的个体进行交叉，从而得到 N 个染色体组成的群体 $crosspop(t+1)$。

7. 变异操作

变异操作是指以某一较小的变异概率 P_m 进行染色体基因突变以形成新的群体 $mutpop(t+1)$，该新群体的子代可记为 $pop(t)=mutpop(t+1)$，同时它又作为下一次遗传操作的父代。

第五节　本章小结

本章概述了煤矿生产物流系统安全资源配置的相关理论。首先，梳理了煤矿安全投入制度演变历程，分析了安全资源配置现状及存在的问题；其次，介绍了煤矿生产物流系统内涵及特征；再次，从相关概念、资源配置原理及特性等方面阐述了安全资源配置理论；最后，介绍了本书中采用的逆优化、粗糙集、双层规划、改进人工鱼群算法、遗传算法等理论与方法，为后续研究奠定了理论基础。

第三章 煤矿生产物流系统
关键安全资源筛选

煤矿生产物流系统主要包括采煤、掘进、通风、机电、排水、运输等环节，是一个地下作业与建设并存的复杂系统，既受到自然因素又受到人为因素的影响。由第二章分析可知，煤矿生产物流系统的高效运转需要投入各类安全资源，目的是对系统投入匹配的安全资源以保证子系统的正常运行。安全资源的投入类型及投入量与影响系统安全的众多因素息息相关。因此，本章将首先分析煤矿生产物流各子系统的安全影响因素，在此基础上确定子系统安全资源指标并建立指标体系；其次筛选出关键安全资源，为后续分析关键安全资源与安全水平的作用机理奠定基础。

第一节 煤矿生产物流各子系统
安全影响因素分析

由于煤矿生产物流系统的生产场地和作业环境随时间动态移动，井下煤炭开采时刻受到瓦斯、煤尘、火、水等多种灾害的威胁，加之煤炭生产工艺流程复杂，具有多属性、环境随时间变化、模糊复杂性等特征，导致煤矿生产物流系统安全受多种影响因素的制约。例如，采煤工作面的瓦斯浓度、顶板管理、支护管理等；掘进系统的煤尘、设备管理等；机电系统的照明、设备维护等；通风系统的通风网络设计、通风布局优化等；排水系统的地面水治理、矿井水治理等，运输系统的巷道设计、提升设备、输送机等（陈兆波等，2014；张东等，2013）。

为了全面分析影响煤矿生产物流系统安全状态的因素，本书将分别从采煤、掘进、机电、通风、排水、运输等子系统分析影响系统安全的因素。

一、采煤子系统安全影响因素

采煤子系统涉及众多流程，包括采煤工作面的落煤装煤、在工作面将煤炭运至井底车场并提升至地面等环节，主要由采煤工作面、水平运输大巷、采区顺槽、石门等组成，配套设备包括采煤机、运输机械、支护设备等（何敬德和华元钦，2003）。由于煤炭开采作业环境的瓦斯、煤尘等时刻威胁着煤炭的安全开采和作业人员的生命安全，同时，顶板管理和支护技术影响着采煤方法的选择和采煤子系统的安全水平。因此，本书综合考虑采煤环境、采煤工艺等内容，从瓦斯、煤尘、顶板管理、煤层自燃、技术管理等因素分析了其对采煤子系统安全的影响（张宝优，2011），具体如表3-1所示。

表3-1 采煤子系统安全影响因素

影响因素	具体体现	可能导致的后果
瓦斯	瓦斯浓度超限、瓦斯监控失效、瓦斯抽放措施不得当等	瓦斯爆炸、人员伤亡
煤尘	采煤工作面煤尘超标、防尘措施不到位等	煤尘爆炸、人员职业病
顶板管理	支护数量不够、支护装置不合理	冒顶事故、人员伤亡
煤层自燃	密封建筑未密闭、采空区未及时密闭等	采空区自燃
技术管理	少或无隔爆设施、巷道贯通无措施、井下消防器材配备不足或失效等	火灾事故、人员伤亡

二、掘进子系统安全影响因素

掘进子系统主要指井下开采前掘进地下巷道形成回采工作面以满足回风、行人及管线铺设的需要，同时将煤岩体中的煤与岩体形成巷道空间并对其进行有效支护。此过程涉及从岩层上打碎、装载岩石并将其运出掘进工作面等环节，包括打眼、钻井、装药爆破、通风、装岩运岩、支护等工序。这些环节及工序决定了掘进子系统的安全既受到地质条件、水文、煤层厚度、瓦斯浓度、煤尘浓度等自然因素影响，还受到设备、材料、能源、作业人员等人为因素影响。除此之外，爆破设备、顶板管理、支护技术也影响着掘进工艺及方法的选择，进而影响掘进子系统的安全状态。

因此，本书将综合考虑掘进子系统的特征、掘进工艺及方法等内容，从煤尘、瓦斯顶板刮泥、爆破作业、掘进设备及管理方面分析采煤子系统的安全影响因素（陈光敏，2014），具体如表3-2所示。

表3-2 掘进子系统安全影响因素

影响因素	具体体现	可能导致的后果
煤尘	干打眼、掘进工作面岩尘超标、工作面无计划停电停风、不按规定防尘洒水等	粉尘大、人员职业病
瓦斯	瓦斯积聚、瓦斯检查不规范、瓦斯监控失效、瓦斯抽放不合格等	人员窒息、瓦斯爆炸
顶板刮泥	空顶距离超过规定、顶板破碎、支护不牢、使用不合格支架、移架不到位等	冒顶伤人
爆破作业	爆破未执行"一炮三检"、使用明电、爆破安全距离不够、火药雷管混放等	瓦斯爆炸
掘进设备及管理	掘进工作面锚固力达不到要求、棚梁歪悬等	片帮、冒顶

三、机电子系统安全影响因素

煤矿生产物流系统的机电子系统涉及范围大、特殊工种多、设备多样，是煤矿生产物流系统的重要组成部分（牛国亮，2011）。鉴于煤炭生产的特殊要求，其机电子系统供电多采用双回路方式，即当一条供电线路发生故障时，必须能够及时切换另一条线路进行供电以确保井下煤炭生产过程的持续安全稳定运行。

机电子系统中机电设备的日常管理和维护需注意以下事项（张晓芳，2014）：一是井下瓦斯、煤尘等浓度达到一定限度时，易发生电弧、电火花以及局部高温等现象，可能引发煤矿爆炸事故；二是矿井巷道、硐室和采掘工作面空间有限，加之煤矿生产物流系统中采煤、掘进、支护等机械设备会占据部分空间，因此须注意控制电气设备的体积；三是井下作业时刻面临着冒顶、片帮等危险，因此一旦事故发生，电气设备及电缆线路易受到碰砸、挤压甚至报废；四是由于地面水及矿井水的不断渗透，井下巷道及机电硐室较为潮湿，电气设备和电缆极易受潮而发生漏电现象，从而引发煤矿事故。

基于上述诸多原因，本书从一般规定、电气设备和保护、井下电缆、照明信号、维修及调整方面分析了影响机电子系统的安全因素（安向东和李春广，2007），具体如表3-3所示。

表3-3　机电子系统安全影响因素

影响因素	具体体现	可能导致的后果
一般规定	机电设备老化、起吊操作不当、特种作业人员无证操作、噪声超标、振动超标等	损坏设备、人员伤亡，设备事故
电气设备和保护	电气设备使用漏电继电器、变电所故障、无三大保护或保护失灵等	设备损坏、设备事故、人员伤亡
井下电缆	仓库顶棚有通信电缆、供电线路老化等	火灾
照明及信号	未执行"两案制"、机电检修未摆放停电牌	触电、人员伤亡
维修及调整	检修设备未进行检放电、接线不规范、带电检修	触电、人员伤亡

四、通风子系统安全影响因素

矿井通风是保障煤矿生产物流系统安全的重要技术手段。在煤炭开采过程中，为保障作业人员良好的井下工作条件，新鲜空气必须从地面不断输送至各工作地点，以稀释、排出井内的各种有毒、有害气体（如瓦斯、二氧化硫等）和矿尘，进而保障井下工作人员的身体健康和劳动安全。因此，依靠机械或自然通风将地面的新鲜空气送入井内，使其在井巷内做定量和定向流动，从而将有毒有害气体排出的通风方式称为矿井通风。常见的通风机工作方式包括抽出式和压入式两种，依据进风井和回风井的位置又可划分为中央式、对角式和混合式三种通风类型（程健维，2012）。

煤矿生产物流系统的通风子系统包括通风机工作方式、通风方式、通风网络、通风监控及调控设施等组成部分，其正常运行必须满足：一是选取的进风井和回风井位置须远离空气污染严重的地方，如矸石山、炉灰厂、储煤场和材料厂等，以保证送入井下的空气质量达标，同时应满足《煤矿安全规程》要求（何波，2012）；二是必须采用机械通风方式，因为井下作业的特殊性使得自然通风往往达不到作业环境的要求；三是必须满足相关要求配备并安装主通风机，且通风机工作方式需根据矿井自身特点选择。

因此，本书将从通风技术与管理制度、局部通风、通风系统、通风设施、现场管理方面分析影响通风子系统的安全因素（于江，2015），具体如表3-4所示。

表3-4　通风子系统安全影响因素

影响因素	具体体现	可能导致的后果
通风技术与管理制度	无计划停风、不合理串联风、风速超限、两道风门同时开等	人员窒息、瓦斯积聚、瓦斯爆炸、煤尘飞扬、通风短路
局部通风	局部通风机未使用"双风机双电源"自动切换器、局部通风机电闭锁等	人员窒息、瓦斯积聚
通风系统	风量不足、巷道不通畅、巷道面积小等	瓦斯积聚、风量不足
通风设施	通风设施不足或未及时修复损坏等	通风短路
现场管理	排放瓦斯时，回风线路未停电、不控制风量、风机吸循环风等	瓦斯爆炸、人员窒息

五、排水子系统安全影响因素

煤矿生产物流排水子系统需要及时排除煤炭开采各阶段涌入的矿井水，且当发生突水淹井事故时可以进行抢险排水。因此，排水子系统担负着排出各类积水的任务，常见的排水方式可以分为自然式和扬升式两种（万小清，2003）。

涌入煤矿生产物流系统的水源包括地面水和地下水，其中地面水可通过井筒、塌陷裂缝、溶洞、钻孔等途径直接进入煤矿生产物流系统而引发水灾害事故，而地下水主要是指含水层水、断层水等。由于地面水和地下水进入矿井的途径和方式不同，所以针对它们的水灾害防治方法也不同（张平和刘成河，2011；李亚哲，2011）。可采用防止井口灌水和地面渗水、建设地面防水工程等措施来防治地面水，用井下探水、井下防水、疏干降压、井下堵水等措施来防治地下水。另外，由于受到开采方式、地质条件和季节变化等因素的影响，煤矿地下水的涌水量变化较大，因此，排水系统需要根据煤矿生产物流系统运行情况适时调整运行状态。

基于上述分析，本书将综合考虑地面水、地下水防治，探放水及技术管理分析影响排水子系统安全的因素，具体如表3-5所示。

表3-5　排水子系统安全影响因素

影响因素	具体体现	可能导致的后果
地面水、地下防治水	在水患区作业时未坚持"有疑必探，先探后掘"、水煤窑积水不明、老空积水情况不明等	透水、淹井
探放水	采空区给水不按规定探放、排放积水失控	突水伤人
技术管理	雨季洪水防汛不力、地表水塌陷区涌入井下等	淹井、排水系统损坏

六、运输子系统安全影响因素

运输子系统是煤炭生产过程中必不可少的重要环节，系指将开采的煤炭及时运输至地面，以保证井下作业顺利进行（刘涛，2003）。煤炭运输由井下运输和提升两部分内容组成，其中，运输和提升方式的选择主要取决于煤层的埋藏特征、井田的开拓方式、采煤方法及运输量的大小。

（1）井下运输系指将开采的煤炭运输至井底车场。常用运输方式有输送机运输和轨道运输两种，其中，输送机运输常用于倾角较大、运输距离较近的倾斜巷道，轨道运输则适用于倾角不大、运输距离较远的巷道。井下运输常用设备包括刮板输送机、桥式转载机和带式输送机（戎哲等，2012）。

（2）提升运输系指煤炭从井下车场经过井筒提升至地面的过程，是实现煤炭空间位置改变的最后环节。煤矿生产物流系统的提升运输多由提升机或绞车、钢丝绳、提升容器、井架、天轮及辅助设备组成（倪兴华，2010）。由于提升运输是一种高速往复运动，所以其运行的准确性、安全可靠性对煤矿生产物流系统的高效运转至关重要。

基于上述分析，本书综合考虑井下运输和提升运输两种方式分析影响运输子系统的安全因素，具体如表3-6所示。

表3-6　运输子系统安全影响因素

影响因素	具体体现	可能导致的后果
提升设备	提升设备未设警戒、乘罐人员随意打开罐帘、无托罐装置等	人员伤亡、容器损坏
机车运输	超负乘车、车辆"带病运输"等	运输事故、人员伤亡
倾斜巷道和平巷运输	斜巷未按规定安装安全措施、斜巷行人又行车、矿车插销未闭锁等	人员伤亡
胶带输送机运输	超重运输、斜坡未安装"一坡三挡"装置、皮带保护装置不齐全等	设备损坏、脱轨、人员伤亡
钢丝绳和链接装置	斜巷串车运输、钢丝绳锈蚀、断丝超限、过卷等	人员伤亡、设备损坏

第二节 煤矿生产物流系统安全资源指标体系建立

一、安全资源指标体系建立原则

为保证煤矿生产物流系统安全资源指标体系的科学性、合理性及全面性，在进行指标选取时应遵循以下六个原则（吴金刚和于红，2010）：

1. 目的性原则

建立煤矿生产物流系统安全资源指标体系是为了识别并筛选影响系统安全水平的关键安全资源指标，为后续分析关键安全资源与安全水平的作用机理奠定基础。因此，安全资源指标的选取必须围绕这一目的展开。

2. 全面性原则

煤矿生产物流系统主要由采煤、掘进、通风、机电、排水、运输等子系统组成，其安全资源指标体系应能全面反映影响子系统的各类安全资源。同时，安全资源指标体系是一个有机整体而非指标的简单集合。因此，选取的指标体系需要满足整体性、层次性和相关性等要求。

3. 科学性原则

煤矿生产物流系统是一个由人—机—环—管构成的复杂系统，其中并存离散型、流程型、批量型三种物流形态。因此，建立安全资源指标体系时，需综合运用客观研究、理论分析等方法确定安全资源指标，以保证各项安全资源指标科学而客观、真实地反映系统的安全资源投入。

4. 可测量性原则

为实现煤矿生产物流系统关键安全资源的识别，选取的安全资源指标应易获取且可测量。

5. 简明性原则

煤矿生产物流系统安全资源指标体系应能准确地反映各类安全资源对系统的影响关系。另外，在指标体系完整的前提下还应保证其数量合理且适当，以能反映各因素之间的差异为准则。

6. 独立性原则

煤矿生产物流系统安全资源指标体系应能够反映系统安全资源投入的特征或属性，且指标间应保持相互独立，避免相互交叉。

二、安全资源指标体系建立目标

由第二章第三节的安全资源配置原理可知，煤矿生产物流系统安全水平受到安全资源投入及安全资源配置的影响，即为了煤矿生产物流系统的正常运行，需要在子系统安全影响因素分析基础上投入各类资源，既包括采煤设备、掘进设备、机电设备、通风设备、排水设备、支护材料等硬安全资源，又包括管理、技术、工艺等软安全资源（卢国志等，2003）。因此，建立煤矿生产物流系统安全资源指标体系的首要任务是厘清包括采煤、机电、通风、排水、辅助等子系统在内的煤矿生产物流系统安全资源投入情况。

另外，煤矿生产物流系统的作业环境随时间推移而变化，由此决定了采煤、掘进、机电、通风、排水、运输等子系统的运行特征及参数应动态调整。由于各子系统的安全状态实时影响着系统总体的安全水平，而各类安全资源对各子系统安全状态的影响呈动态时变特征且重要程度不一致，此时需要及时分析对系统安全状态影响作用较大、敏感度较高的安全资源。因此，建立煤矿生产物流系统安全资源指标体系的第二个目标是动态、及时地发现影响系统安全水平较大的安全资源，为后续筛选关键安全资源提供依据。

三、各子系统安全资源指标确定及体系建立

通过对影响煤矿生产物流子系统安全的因素分析发现，无论是采煤、掘

进、机电等子系统，还是通风、排水、运输等子系统，它们的安全影响因素既有差异性又有相似性。差异性主要体现在：从子系统角度看，由于各子系统的特征及运行方式不同，决定了影响其安全的因素也不同，如采煤系统受采煤设备、采煤人员、顶板管理、采煤技术等影响，通风系统受通风方式、通风设备、监控设施等影响，而运输系统则受提升设备、运输设备的影响。相似性主要体现在：从整体系统角度看，采煤、掘进、机电、通风、排水及运输子系统在同一作业环境下运行，它们之间相互联系、相互影响，共同作用于煤矿生产物流整体系统，均受到作业人员、机器设备、作业环境等因素的影响。因此，本书在确定采煤、掘进、机电、通风、排水、运输等子系统安全资源基础上，从安全培训、应急救援等其他方面分析了系统的安全资源，进而构建了煤矿生产物流系统安全资源指标体系。

（一）采煤子系统安全资源

为保障采煤子系统的安全运转，需投入相应的设备和人员。除此之外，顶板管理、采煤工艺及方法的选择亦影响着采煤作业的安全，需对其进行安全资源投入。因此，本书选取了采煤设备、采煤人员、顶板管理、采煤技术管理作为采煤子系统的安全资源，它们对采煤子系统安全的影响如图 3-1 所示。

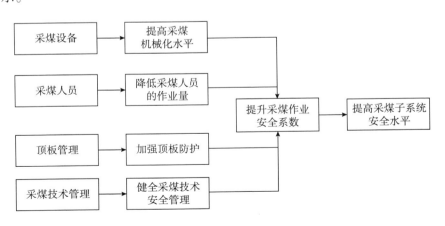

图3-1　采煤子系统安全资源及其影响过程

其中：

（1）采煤设备指采煤机、运输机械、支护设备及提升机等；

（2）采煤人员指进行采煤作业的人员；

（3）顶板管理指顶板、支护等材料的配备；

（4）采煤技术管理指采煤技术管理体系的健全程度以及实施管理效果。

（二）掘进子系统安全资源

掘进子系统的主要任务是开凿矿井巷道、形成新的采煤工作面，此过程需要投入掘进设备及人员等安全资源，同时还需要健全掘进技术管理体系以保证掘进技术的规范性。因此，本书选取掘进设备、掘进人员、掘进技术管理作为掘进子系统的安全资源，它们对掘进子系统安全的影响如图 3-2 所示。

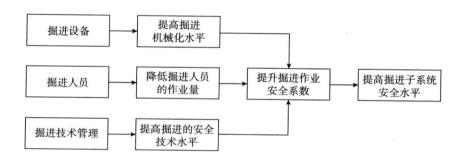

图 3-2 掘进子系统安全资源及其影响过程

其中：

（1）掘进设备指掘进、支护、运输、提升及风动凿岩机、空气压缩机等设备；

（2）掘进人员指进行掘进作业的人员；

（3）掘进技术管理指掘进技术管理体系的健全程度、制定施工安全技术措施及制度等。

（三）机电子系统安全资源

机电子系统的主要任务是提供稳定可靠的动力以确保采煤、掘进、通风、排水及运输等子系统正常运转。该系统需要投入相应的机电设备、机电管理人员并制定机电安全管理制度，它们对机电子系统安全的影响如图3-3所示。

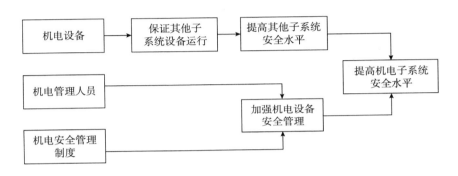

图3-3　机电子系统安全资源及其影响过程

其中：

（1）机电设备指电气设备、井下电缆、通信及照明等设备；

（2）机电管理人员指管理井下机电设备的人员；

（3）机电安全管理指煤矿机电及电气设备的选型论证、安装、使用、维护、检修、改造、报废等综合管理程序，以及制定的机电管理制度。

（四）通风子系统安全资源

通风子系统的主要任务是降低井下的瓦斯、煤尘浓度，为煤矿安全生产提供良好的作业环境。鉴于煤矿生产物流系统的特殊性，通风子系统不仅需要投入通风设施和通风作业人员，还需要加强通风监控以实时监测井下作业，同时需要根据生产环境加强通风技术管理。基于此，本书选取通风设施、通风人员、通风安全监控、通风技术管理作为通风子系统的安全资源，它们对通风子系统安全的影响如图3-4所示。

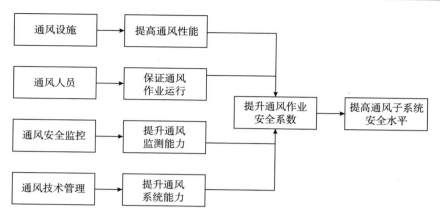

图3-4 通风子系统安全资源及其影响过程

其中：

（1）通风设施指通风机、通风管路及配套装置；

（2）通风人员指进行通风作业的人员；

（3）通风安全监控指安全监测监控系统及其配套设备；

（4）通风技术管理指制定井下风量配置决策、开展通风技术培训、制定通风设施维护及灾害管理措施等。

（五）排水子系统安全资源

排水子系统的主要任务是及时排除地面及井下水以保证煤炭开采的顺利进行。该过程需要投入排水设备、排水人员及排水技术管理作为排水子安全资源，它们对排水子系统安全的影响如图3-5所示。

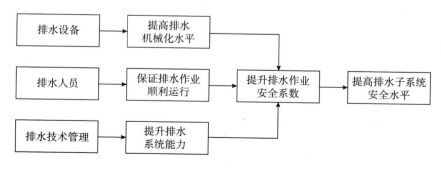

图3-5 排水子系统安全资源及其影响过程

其中：

（1）排水设备指流速仪、绘图仪、GPS、物探仪器、专业探放水设备和相应的钻探设备等仪器；

（2）排水人员指进行排水作业的人员和用于矿井地质、水文地质、瓦斯地质、储量管理、测量、钻探及物探、制图绘图等的专业技术人员；

（3）排水技术管理指健全排水技术体系及制定的日常排水管理措施。

（六）运输子系统安全资源

煤炭运输不仅需要提升设备、输送机及配套装置等运输设备，还需要配备一定数量的运输人员以保证开采的煤炭能及时运输至井外。另外，运输线路设计的合理性及运输管理体系的完善程度也影响着运输子系统的安全运行。基于此，本书选取运输设备、运输人员、运输技术管理作为运输子系统的安全资源，它们对运输子系统安全的影响如图3-6所示。

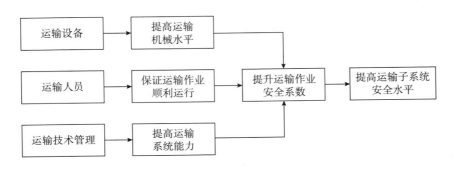

图3-6　运输子系统安全资源及其影响过程

其中：

（1）运输设备指提升设备、输送机、钢丝绳和链接装置等设备；

（2）运输人员指进行煤炭资源运输作业的人员；

（3）运输技术管理指合理设计运输线路，完善运输设备、运输安全设施配置及运输管理制度体系。

（七）其他安全资源

除了上述六大子系统的安全资源投入，为了保证煤矿生产物流系统的安全运行，企业还需要对作业人员进行安全培训。由于安全培训面向全体作业人员，资源投入难以具体划分至各子系统，所以本书将安全培训单独列出，作为影响煤矿生产物流系统的安全资源。

另外，由于煤矿生产物流系统时刻面临着自然及工作环境的威胁，企业需建立应急救援预案、培训救援队伍以提升系统的应急救援能力。因此，本书将应急救援作为影响煤矿生产物流系统的安全资源。

（八）安全资源指标体系建立

在上述采煤、掘进、机电、通风、排水、运输等子系统及其他安全资源分析基础上，本书建立了煤矿生产物流系统安全资源指标体系，具体如表3-7所示。

表3-7　煤矿生产物流系统安全资源指标

一级指标	二级指标	指标释义
采煤子系统	采煤设备 c_1	采煤机、运输机械、支护装备及提升机等设备
	采煤人员 c_2	采煤作业人员
	顶板管理 c_3	顶板、支护等材料的配备
	采煤技术管理 c_4	健全采煤技术管理体系并实施管理
掘进子系统	掘进设备 c_5	掘进、支护、提升及风动凿岩机等设备
	掘进人员 c_6	掘进作业人员
	掘进技术管理 c_7	健全掘进技术管理体系并制定施工安全技术措施
机电子系统	机电设备 c_8	电气设备、井下电缆、通信及照明等设备
	机电管理人员 c_9	管理日常机电设备人员
	机电安全管理 c_{10}	煤矿机电及电气设备选型、安装、维护等
通风子系统	通风设施 c_{11}	矿井通风系统完整、稳定、可靠
	通风人员配备 c_{12}	通风作业人员
	通风安全监控 c_{13}	矿井安装安全监测监控系统
	通风技术管理 c_{14}	风量配置合理、制定防灭火措施等

一级指标	二级指标	指标释义
排水子系统	排水设备 c_{15}	配备流速仪、绘图仪、GPS、物探仪等仪器
	技术人员 c_{16}	矿井地质、测量、钻探及物探、制图绘图等人员
	排水技术管理 c_{17}	健全排水技术体系并制定防治水措施
运输子系统	运输设备 c_{18}	提升设备、输送机、钢丝绳和链接装置等设备
	运输人员 c_{19}	煤炭运输作业人员
	运输系统能力 c_{20}	运输线路、运输设备、运输安全设施配置等
其他	安全培训 c_{21}	安全知识培训、安全技能训练等
	应急救援 c_{22}	制定应急救援预案、建立救援队伍

第三节 基于改进粗糙集的煤矿生产物流系统关键安全资源筛选

一、关键安全资源的内涵与特征

(一) 关键安全资源的内涵

现代企业资源观认为，企业资源是能给企业带来优势或劣势，实现企业运营目标的各种生产要素的集合，但决定企业绩效差异的根源是其所拥有的关键资源。鉴于煤矿生产物流系统的特殊性，本书将安全资源定义为能够提升安全水平的企业资源，而决定安全水平级别的根源是系统投入的关键安全资源（王晓梅，2007）。基于此，本书将关键安全资源定义为对煤矿生产物流系统安全水平起重要作用，且其微小变动易引起系统安全水平较大波动的安全资源。

鉴于关键安全资源投入与煤矿事故损失此消彼长的关系，加大对煤矿生产物流系统关键安全资源投入会减少煤矿事故发生率，同时通过对关键安全资源的合理分配能提升煤矿的生产安全水平、降低事故发生风险。

（二）关键安全资源的特征

关键安全资源依据物理形态不同，可以划分为有形关键安全资源和无形关键安全资源。其中，有形关键安全资源具有物质性，比较容易辨识，主要包括煤矿生产物流采煤、掘进、通风、机电、排水、运输等子系统中的各类安全技术装备、辅助设施等；无形关键安全资源主要体现在作业人员相关知识储备、业务技能、安全管理制度、信息管理等方面（董思维等，2015）。无论是有形关键安全资源还是无形关键安全资源，作为煤矿生产物流系统关键安全资源应具有以下特征：

（1）价值性。关键安全资源的价值性体现在可以消除煤矿生产物流系统的潜在隐患、提升系统的安全水平。例如，当作业人员培训作为关键安全资源时，加大对其的投入可以提升煤矿生产物流系统作业人员的业务技能水平、增加作业人员的安全意识，进而保证系统的安全运转。

（2）有限性。影响煤矿生产物流系统的安全资源虽然种类众多，涉及人—机—环—管等方面，但在某一时段影响并决定安全水平等级的安全资源个数却有限，较少存在所有的安全资源均对系统安全水平发挥决定作用的情况。

（3）动态性。关键安全资源的动态性是指影响煤矿生产物流系统安全水平的关键资源及其投入量呈动态变化，主要体现在：一是煤矿生产物流系统的作业环境动态移动，所以，随着煤炭的不断开采，关键安全资源对安全水平的影响程度随之波动，进而要求安全资源投入量也应动态调整；二是在某时段内的关键安全资源随内外部环境的变化不间断发生改变，变化形式包括关键安全资源的增加、减少、替换等。

（4）不可替代性。关键安全资源的不可替代性是指影响煤矿生产物流系统安全水平的安全资源不存在替代物，即煤矿生产物流系统的高效运转需要各类安全资源投入。任何一种或多种关键安全资源的投入不足或不投入均会引起系统安全水平的波动，且较难通过增加其他安全资源投入解决该问题。

二、关键安全资源筛选方法选择

由前述分析可知，煤矿生产物流系统安全资源众多，主要包括采煤、掘进、机电、通风、排水、运输等子系统及安全培训、应急救援等安全资源指标。虽然以上每项安全资源指标对保障系统的安全均必不可少，但在特定时段，各项安全资源指标对系统安全的影响程度不一致，有些指标对系统的安全影响较大，微小的波动即会引起系统安全状态大幅波动，而有些指标对系统的影响相对较弱，甚至其变化对系统的安全状态无影响，如何筛选对煤矿生产物流系统安全影响作用大的安全资源指标对优化安全资源配置至关重要。

对此，国内外专家学者提出了诸多关键安全资源筛选方法，主要有主观筛选法和客观筛选法。其中，主观筛选法指根据专家经验定性进行主观判断进而得到权重系数，然后对指标进行综合评估筛选影响作用大的指标，包括层次分析法（AHP）、专家访谈法、专家调查法（Delphi 法）、模糊分析法等；客观筛选法指在收集历史数据基础上，通过研究指标之间的关系或指标与评估结果的关系以计算各指标权重，进而筛选影响作用大的指标，主要包括熵权法、主成分分析法、多目标规划法、变异系数法、最大离差法、粗糙集等。

目前相关文献中运用最广泛的关键安全资源筛选法有层次分析法、熵权法、主成分分析法、因子分析法、粗糙集理论等方法。

1. 层次分析法

层次分析法具有将复杂问题层次化、定性问题定量化的优势，可以较好地解决具有多层次网络结构、多目标的决策问题，也适用于确定指标权重和决策方案优劣性排序，这种方法虽然已广泛应用于社会、经济、工业等领域（郭金玉等，2018），但其主观随意性较大。

2. 熵权法

熵权法是通过信息熵计算指标权重的一种客观赋权方法，它适用于解决多指标决策问题，基本原理是：针对多指标决策问题从可行方案中选择最佳方案，选择的依据是综合反映这些可行方案优劣的各项指标向决策者提供的决策信息（杨力等，2013）。熵权法通过信息量对指标赋权可以避免人为主观因素对指标赋权的影响，弥补了层次分析法的不足。但是，熵权法过于依赖客观信息，较少考虑决策者的主观意识，而且计算过程也较为烦琐。

3. 主成分分析法

主成分分析法主要通过旋转因子矩阵得到因子变量和原始变量的关系或函数表达式，在选取若干个主成分的基础上将它们对应的方差贡献率作为权重，进而可得到综合评价值。该方法利用降维的思想，可以将众多原始变量降至能够反映绝大部分原始信息的若干个主成分，但同时存在仅能得到有限主成分及权重，无法进一步确定各项指标的客观权重等问题（吕伏等，2012）。

4. 因子分析法

与主成分分析法相似，因子分析法也是利用降维的思想提取能够反映绝大部分原始信息的若干公因子并确定其权重开展综合评价的方法。该方法以"组内相关性高、组间相关性低"为判断准则，根据指标间的相关性大小将原始指标变量划分为若干组，每组变量表示一个公因子，通过研究这些公因子间的关系描述并解决问题。但是，该方法较难解决原始变量间相关性弱的问题（林海明，2012）。

5. 粗糙集理论

粗糙集理论是一种刻画不完整性和不确定性的数学工具。相对于统计学方法、模糊理论等其他数学方法而言，它不需采用诸如概率分布密度、隶属度函数等先验性知识处理不确定信息，也不需要其他前提条件的约束，仅根据数据本身进行知识挖掘并分类，即可揭示数据内部规律以发现数据间的依赖关系（鲍新中等，2009）。

综上所述，对于时序动态、复杂多属性的煤矿生产物流系统而言，其所采集的安全资源与安全状态之间的样本数据多存在冗余、遗漏、冲突等问题，一般的回归分析方法多以多项式模型为前提假设，既难以反映资源与安全状态之间的复杂关系，也较难识别显著性影响因子。而粗糙集方法可以仅从数据自身出发，不依赖任何先验模型，即可从"粗糙"的角度处理数据之间的冗余、遗漏、冲突等，应用于煤矿生产物流系统有较大的优势。因此，本书将运用粗糙集方法对煤矿生产物流系统进行关键安全资源筛选。

三、改进粗糙集方法的提出及应用原理

（一）改进粗糙集方法的提出

实践中，煤矿生产物流系统的安全资源指标多为连续型数据，而传统粗糙集方法仅能实现离散型数据的属性约简，所以，在对关键安全资源筛选前必须进行离散化处理，即根据数据信息先选取一组断点，将条件属性构成的数据空间划分为若干个区域，使得每个区域中数据的决策属性相同（Kim 和Enke，2016）。

目前，相关专家学者提出的数据离散化方法主要有等宽区间法、K-means 算法、信息熵法、贪心算法、神经网络等（Jiang 和 Sui，2015；Yan 等，2014；Tian 等，2011），但针对条件属性多、样本数据大的情况存在断点多、计算复杂度高等问题。随后，有学者将人工鱼群算法应用于粗糙集的数据离散化处理，即通过鱼群的觅食、聚群、追尾等行为得到最优离散区间。该方法可以快速优化候选断点集合且具有数据抗干扰能力强等特点，但存在后期搜索的盲目性大、易陷入多个局部极值、降低搜索效率等问题。因此，有专家学者提出了自适应变化策略调整人工鱼视野和步长的改进方法（彭勇等，2011）。

近年来，一些专家学者研究发现，自然界许多生物在不确定环境中觅食

的搜索路径具有 Levy 飞行特征，通过短距离的探索性寻找和偶尔较长距离的行走可以跳出局部搜索能力（Jensi 和 Wiselin，2016），以此实现最佳觅食路径。例如，菌群觅食行为（严小飞和叶东毅，2015）、果蝇间歇性飞行觅食轨迹（张前图等，2015）、驯鹿觅食行为（Marell 和 Ball，2002）等。

基于以上诸多原因，本书将采用基于 Levy 飞行的人工鱼群算法优化粗糙集理论，以此实现煤矿生产物流系统安全资源数据的离散化。

另外，关键安全资源筛选的核心即为粗糙集的属性约简，目前常用的粗糙集属性约简方法主要有四种，分别为基于区分矩阵的属性约简算法、基于属性依赖度的属性约简算法、基于属性重要度的属性约简算法和基于启发式的属性约简算法，其中启发式约简算法以遗传算法应用最为广泛。

（1）基于区分矩阵的属性约简算法。该算法主要适用于解决信息表无决策属性问题，是在构造区分矩阵基础上，通过计算区分函数对条件属性进行约简并求解出所有的约简（Yao 和 Zhao，2009）。

（2）基于属性依赖度的属性约简算法。该算法系根据决策属性集对条件属性集的依赖程度确定属性约简，当去掉某些属性后，决策属性对剩余属性集完全依赖，此时该部分属性可以被约简，否则不可被约简。该方法弥补了区分矩阵约简算法无法计算大样本数据的不足，但该算法仅能得到有条件属性的核（Chen 等，2016）。

（3）基于属性重要度的属性约简算法。该算法通过计算各属性的重要度进而确定属性约简。属性重要度约简法通过启发式信息不仅可以大大缩减搜索空间，还可以有效提升属性约简能力。然而，该算法有时会出现属性"组合爆炸"现象，即某些属性的重要度虽然偏低，但它们组合在一起时则可能对决策属性产生较大影响，使得属性重要度约简法有时无法找到最优属性约简（Dai 等，2016）。

（4）基于遗传算法的属性约简算法。该算法具有较强的自适应能力、隐含并行性及全局优化等优势，将其用于粗糙集属性约简时，可以弥补以往属性约简串行搜索的不足，进而减少搜索时间、提高算法的高效性，同时可以提高属性约简结果的准确性。因此，本书将采用遗传算法进行属性约简（Alfy 和 Alshammari，2016）。

综上所述，本书将结合 Levy 飞行机制、人工鱼群算法、遗传算法及粗糙集方法，提出基于 Levy 飞行—人工鱼群算法（LF‑AFSA）与遗传算法（GA）的改进粗糙集方法。

（二）改进粗糙集方法的应用原理

本书提出的改进粗糙集方法的实质是运用 Levy 飞行机制改善人工鱼的随机搜索步长，同时简化人工鱼觅食、聚群及追尾行为的位置移动方式，以此实现数据的离散化，进而采用遗传算法属性约简理论删除冗余指标、筛选关键安全资源，其应用原理体现在以下三点：

（1）改进粗糙集方法运用 LF‑AFSA 离散化理论可以在简化指标属性值基础上使区分能力保持不变。LF‑AFSA 离散化理论可以从大量数据信息中寻找数据本身蕴藏的知识，将离散区间分割点划分转化为指标寻优问题，通过聚群行为将人工鱼聚集在最优点并合并相邻区间，以使离散化断点尽可能少。此外，以条件属性对决策属性的区分能力保持不变为依据，LF‑AFSA 离散化遵循安全资源指标与安全水平间的内在作用规律，可以保证离散化后安全资源指标对安全水平的分类质量。

（2）改进粗糙集方法运用 GA 属性约简理论可以剔除安全资源冗余指标并保留对系统影响大的关键指标。改进粗糙集方法具有强大的数据挖掘和知识发现优势，不仅可以处理煤矿生产物流系统安全资源中不精确、不确定和不完整的数据信息，解决安全资源数据之间的冗余、遗漏、冲突等问题，同时还可以运用 GA 属性约简理论，从庞大的数据体系中快速、准确地寻找安全资源指标的最小不变集合进行指标约简，得到煤矿生产物流系统的关键安全资源指标。

（3）运用改进粗糙集方法能挖掘安全资源指标间的依赖关系。在运用改进粗糙集方法对煤矿生产物流系统的安全资源指标进行区分时，有些安全资源指标必须保留，因为去掉该指标后会影响到评价或分类结果；有些安全资源指标无需保留，因为去掉该指标后不会影响评价或分类结果。此外，还有一些安全资源指标必须与其他指标反复比较后才能进一步确定是否保留。而改进粗糙集方法可以在安全资源指标体系中快速寻找出不影响分类的关键指标集，同时揭示各指标间的相互依赖关系。

四、基于改进粗糙集的关键安全资源筛选算法及流程

根据上述原理分析可知，采用改进粗糙集方法进行关键安全资源筛选时，主要包括算法设计和筛选步骤。由于在第二章理论基础部分已介绍了基于 Levy 飞行—人工鱼群算法（LF-AFSA），此处不再赘述。

（一）筛选算法

改进粗糙集用于关键安全资源筛选时主要包括 LF-AFSA 的安全资源决策表离散化算法与 GA 安全资源约简算法。

1. LF-AFSA 的安全资源决策表离散化算法

（1）安全资源指标信息表设定。根据已建立的煤矿生产物流系统安全资源指标体系，首先需要将安全资源指标及其指标值汇总至信息表，为后续关键安全资源筛选奠定基础，如表 3-8 所示。

表 3-8 安全资源指标信息

样本	安全资源（条件属性）					安全水平
	x_1	x_2	…	…	x_m	Y
k_1	…	…	…	…	…	
k_2	…	…	…	…	…	
k_3	…	…	…	…	…	
⋮	⋮	⋮	⋮	⋮	⋮	
k_n	…	…	…	…	…	

其中，k_j 为第 j 个样本，$j=1$，2，$\cdots$，n，n 为样本总数；

x_i 为第 i 个指标，$i=1$，2，$\cdots$，m，m 为安全资源指标总个数。

上述信息表可以用四元组 $S=(U,R,V,f)$ 表示，其中：

U：论域，$U=\{k_1,k_2,k_3,\cdots,k_n\}$，表示样本对象的非空有限集合，在煤矿生产物流系统关键安全资源筛选中系指煤矿生产物流系统的集合；

R：属性集合，$R=\{x_1,x_2,x_3,\cdots,x_m,Y\}$，表示所有指标集的集合，本书中系指煤矿生产物流系统安全资源的集合；

V：$\bigcup_{x\in R}V_x$，V_x 为 x 属性的值域；

f：$U\times R\rightarrow V$ 为一个信息函数，它为每个属性赋予一个信息值，即 $\forall x\in R$，$k\in U$，$f(k,x)\in V_r$。

（2）断点编码。本书中采用二进制编码方式对安全资源决策表的初始断点和属性进行编码，分别用 0 和 1 表示。

具体含义如下：用长度 L 的二进制串表示样本个体，该串由 L 个子串组成，每个子串对应安全资源决策表中条件属性的初始断点集合，每一位编码值对应一个断点，值"1"和"0"分别代表该断点的保留（不可融合）和舍弃（可融合）。

（3）初始人工鱼群设定。利用上述断点变化划分鱼群，按断点区间分布可以确定初始人工鱼群的属性值，以提高人工鱼全局寻优能力。断点分布为：

$$X_d=(c_{d-1},c_d)/2 \tag{3-1}$$

其中，X_d 为第 d 只个体人工鱼的状态，(c_{d-1},c_d) 为断点区间。

（4）离散化评价目标函数。离散化评价目标函数是衡量安全资源连续属性离散化优劣程度的标准。其中，数据离散化效果主要取决于断点数目和条件属性（安全资源）对决策属性（安全水平）的依赖度，即断点数越少，条件属性对决策属性的依赖度越大，离散化结果越好。本书根据断点数和属性依赖度界定的离散化评价目标函数如下：

$$E(x)=(1-l_0/m)\alpha r_C(D) \tag{3-2}$$

其中，m 为条件属性总数，l_θ 为个体 θ 包含断点数，$r_C(D)$ 为断点划分得到的离散化决策属性对条件属性的依赖度，α 为权重调节因子。

2. GA 安全资源约简算法

（1）遗传编码与初始种群设定。基于安全资源约简过程的条件属性有被选择与不被选择两种情况，因此，遗传编码仍采用二进制编码，即被选择的条件属性可表示为 "1"，不被选择的条件属性可表示为 "0"。另外，可以采用随机方法产生初始种群（Cheng 等，2010）。

（2）适应度函数设计。适应度函数需要既保证安全资源约简后的样本仍满足安全水平分类情况，又保证安全资源个数尽量少，因此，本书引入属性依赖度定义适应度函数，如下：

$$F(x) = (1 - q_v/m) + w_v \tag{3-3}$$

式中，q_v 为染色体 v 中条件属性为 1 的个数，w_v 为染色体 v 决策属性对条件属性的依赖度。

（3）遗传算子。选择、交叉和变异算子可以分别采用适应度比例选择方法、单点交叉和基本位变异算子加以确定。

（4）局部优化策略。根据属性依赖度可以指导遗传算法的搜索空间，然后通过判断种群个体依赖度是否为 1 进行优化。

（5）算法终止规则。以适应度函数在连续若干代没有发生变化的时刻作为终止条件。

（二）筛选流程

根据上述算法设计，关键安全资源筛选流程主要包括安全资源决策表离散化及属性约简两部分内容，具体筛选流程如图 3-7 所示。

Step1：初始化人工鱼群算法的各参数值，得到初始的分割区间，并输入决策表。

Step2：计算条件属性 C_θ 对决策属性 D 的依赖度 $r_{C_\theta}(D)$，重复迭代多次可找到 $r_{C_\theta}(D)$ 的最大稳定值，此时表明人工鱼停留在最优点附近。

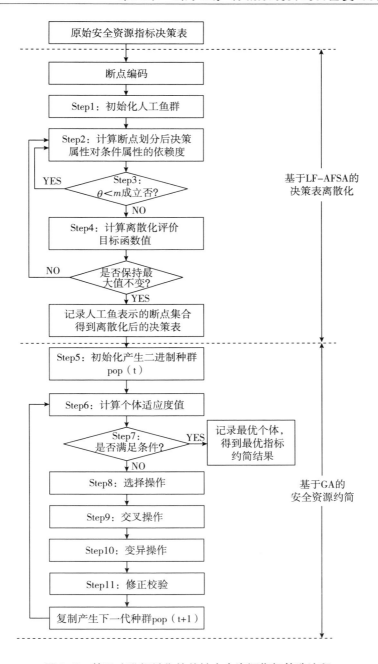

图 3-7　基于改进粗糙集的关键安全资源指标筛选流程

Step3：若 $\theta<m$，则令 $\theta=\theta+1$，继续转至 Step2；否则，转至 Step4。

Step4：计算离散化评价目标函数值，若目标函数值连续多次保持不变的最大值，表明所有条件属性值的离散均达到自由，此时记录人工鱼表示的断点集合，可根据当前状态确定离散区间，对决策表进行离散化，转至 Step5。否则，重复 Step2，开始新一轮寻优。

Step5：根据离散化后的决策表，可产生初始种群 $pop(t)$，随机产生二进制串组成的初始群体。

Step6：计算适应度值，在计算每个染色体 $pop_i(t)$ 的决策属性对条件属性依赖度基础上，可根据适应度函数计算每个个体的适应度。

Step7：判断是否满足终止条件，若满足，则算法停止；否则，转至 Step8。

Step8：选择操作。计算个体被选择的概率，运用适应度比例选择方法选择个体，并采用最优保存策略选择下一代 $pop(t+1)$。

Step9：交叉操作。根据交叉概率 P_c 进行交叉操作，采用单点交叉方式得到由新染色体组成的种群 $pop(t+1)$。

Step10：变异操作。根据变异概率 P_m 进行变异操作，采用基本位变异方式生成一个新的种群 $pop(t+1)$，其中属性的对应位不发生变异。

Step11：修正校验。对新的种群 $pop(t+1)$ 进行局部修正，将最优个体复制到下一代种群，转至 Step6。

第四节　本章小结

本章主要研究了煤矿生产物流系统关键安全资源筛选问题。首先，分析了影响煤矿生产物流采煤、掘进、机电、通风、排水、运输等子系统安全的因素；其次，依据安全资源指标体系建立原则及目标，构建了包括采煤设备、采煤人员、顶板管理、采煤技术管理、掘进设备、掘进人员、掘进技术管理、机电设备、机电管理人员、机电安全管理、通风设施、通风人员、通风安全监控、通风技术管理、排水设备、排水人员、排水技术管理、运输设备、运输人员、运输技术管理、安全培训、应急救援等安全资源指标体系；最后，提出了基于 Levy 飞行—人工鱼群算法（LF–AFSA）与遗传算法（GA）的改进粗糙集方法，并分析了关键安全资源筛选的算法与流程，为后续分析关键安全资源与安全水平的作用机理奠定了基础。

第四章 煤矿生产物流系统关键安全资源与安全水平作用机理分析

煤矿生产物流系统安全资源种类繁多，且随着煤炭开采环境与方式的变化，安全资源与系统安全水平间呈复杂的动态非线性关系。因此，本章将分析煤矿生产物流系统状态的变化规律，界定并划分系统的安全水平等级，在此基础上分析关键安全资源对安全水平的影响，进而建立关键安全资源与安全水平的作用机理模型，为后续构建安全资源逆优化配置模型提供目标函数。

第一节 煤矿生产物流系统状态分析及安全水平界定

一、状态变化规律分析

煤矿生产物流系统状态可以概括为五种类型，分别为初始状态（Initial Status，IS）、安全状态（Safety Status，SS）、事故状态（Accident Status，

AS)、波动状态（Fluctuation Status，FS）和不安全状态（Unsafely Status，US）。其中，初始状态指系统在灾后矿井恢复或排除事故隐患后所处的状态，安全状态、事故状态、波动状态和不安全状态则依据采煤、掘进、机电、通风、排水、运输等子系统安全资源配置情况，按照一定的变化规律相互转换（贾宝山等，2015），如图4-1所示。

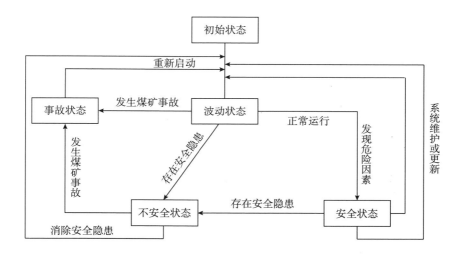

图4-1　煤矿生产物流系统状态转换模型

图4-1描述了煤矿生产物流系统在初始状态、安全状态、事故状态、波动状态和不安全状态之间的转化模型。假定系统初始状态安全，当煤矿生产物流系统开始运转后，采煤、掘进、机电、通风、排水及运输等子系统间各类安全资源将进入相互磨合、相互作用阶段，此时系统处于安全波动状态，意味着一旦煤炭生产过程中存在不安全、不稳定因素，系统状态将会发生较大的变化从而引发煤矿事故。

煤矿生产物流系统在初始状态、安全状态、事故状态、波动状态和不安全状态间的变化规律体现在以下七种状态：

1. 由波动状态转变为安全状态（FS→SS）

保持安全状态是煤矿生产物流系统安全高效运行的基础。当灾后煤矿生产物流系统再次运转时，采煤、掘进、机电、通风、排水及运输等子系统投入的各类安全资源须经过一段时期运行达到相互协调、相互配合状态，此时系统逐步转变为相对稳定的安全状态。

2. 由波动状态转变为事故状态（FS→AS）

随着采煤、掘进、机电、通风、排水及运输等子系统各类安全资源的运行，系统若没有达到安全资源间相互协调、相互配合的生产状态，即会导致安全状态的较大波动甚至超过安全水平的最低限值，从而引发煤矿事故，此时需要采取一系列救灾及灾后重建措施，使得系统再次达到初始状态。

3. 由波动状态转变为不安全状态（FS→US）

当煤矿生产物流系统状态波动超过安全水平界限值时，系统即转换为不安全状态，此时易引起煤矿事故，需要在采煤、掘进、机电、通风、排水及运输等子系统采用隐患排查技术，逐一发现潜在的安全隐患或危险源并及时加以消除。当系统安全资源再次进入运行磨合期时，系统状态即返回到波动状态。

4. 由安全状态变为不安全状态（SS→US）

当煤矿生产物流系统正常运行时，采煤、掘进、机电、通风、排水及运输等子系统的安全资源综合作用于整个系统，如存在危险源或安全隐患，系统则会由安全状态转换为不安全状态，此时需要及时排查并排除安全隐患。

5. 由安全状态转变为波动状态（SS→FS）

当采煤、掘进、机电、通风、排水及运输等子系统出现危险源时，会波及煤矿生产物流系统的安全运行状态，打破原有安全资源之间形成的相互协调配合生产状态，使得系统进入波动状态。

6. 由不安全状态变为波动状态（US→FS）

当煤矿生产物流系统没有达到安全资源相互协调配合的生产状态时，往往存在安全隐患或危险源，系统处于隐患状态。此时需要利用隐患排查技术对采煤、掘进、机电、通风、排水及运输等子系统进行检查并及时排除隐患，使系统转换至波动状态。

7. 由事故状态变为波动状态（AS→FS）

一旦发生煤矿事故或灾害，煤矿生产物流系统会停止正常作业，此时需要采用应急预案机制对事故进行救援，同时还需要对煤矿生产物流系统进行灾后重建及维护。重新投入运行之后，系统转换至波动状态。

综上所述，煤矿生产物流系统状态转换模型详细描述了系统由最开始的波动状态进入安全资源间相互协调、相互配合的安全生产状态，揭示了系统在初始状态、安全状态、事故状态、波动状态和不安全状态之间的变化规律，为后续划分煤矿生产物流系统安全水平等级、分析安全资源对安全水平的作用机理提供了依据。

二、安全水平等级划分

煤矿生产物流系统状态决定着其安全水平，从高到低的排序依次为：安全状态、初始状态、波动状态、不安全状态和事故状态。另外，煤矿事故等级与系统状态及其安全水平密切相关。一般而言，煤矿生产物流系统安全水平越高，事故发生概率及等级越低。反之，事故发生概率及等级会越高，事故损失越大。

根据我国《煤矿生产安全事故报告和调查处理规定》，依煤矿事故造成的人员伤亡人数或直接经济损失的大小，将煤矿事故划分为四个等级（施式亮等，2012），分别为特别重大事故、重大事故、较大事故、一般事故，具体如表4-1所示。

表 4-1　煤矿事故等级及具体内涵

煤矿事故等级	具体内涵
特别重大事故	死亡人数>30 人，或重伤人数>100 人 直接经济损失>1 亿元
重大事故	30 人>死亡人数>10 人，或 100 人>重伤人数>50 人 1 亿元>直接经济损失>5000 万元
较大事故	10 人>死亡人数>3 人，或 50 人>重伤人数>10 人 5000 万元>直接经济损失>1000 万元
一般事故	死亡人数<3 人，或重伤人数<10 人 直接经济损失<1000 万元

　　参照煤矿生产物流系统状态变化规律及煤矿事故等级划分，本书将煤矿生产物流系统安全水平划分为五个等级：最佳安全水平（L_5）、较安全水平（L_4）、较不安全水平（L_3）、高度不安全水平（L_2）及危险水平（L_1）。同时，为保证安全水平可量化表达，本书综合考虑了事故发生等级及发生次数、年度隐患排查频率、隐患排查结果等因素，采取百分制对五种安全水平等级进行了区间分数界定（见表 4-2）。

表 4-2　煤矿生产物流系统安全水平类型及内涵

安全水平类型	符号	分数	内涵
最佳安全水平	L_5	$Y>80$	全年无煤矿事故发生，隐患排查频率正常，隐患排查效果好
较安全水平	L_4	$80 \geqslant Y>60$	全年无煤矿事故发生，隐患排查频率正常，隐患排查效果一般
较不安全水平	L_3	$60 \geqslant Y>40$	全年无煤矿事故发生，隐患排查频率正常，隐患排查效果较差
高度不安全水平	L_2	$40 \geqslant Y>20$	全年无煤矿事故发生，隐患排查频率较少，隐患排查效果较差
危险水平	L_1	$20 \geqslant Y$	全年有煤矿事故发生，隐患排查频率较少，隐患排查效果很差

第二节　煤矿生产物流系统关键安全资源对安全水平的影响分析

一、安全资源投入对安全水平的影响分析

煤矿生产物流系统安全资源投入影响着安全水平，但是，由于在实践中大多数煤矿未区分关键安全资源与非关键安全资源，导致出现了无法准确界定"哪些安全资源对系统提升安全水平做出了贡献"这一难题。基于此，本部分内容在煤矿生产物流系统安全资源指标体系建立的基础上，从关键安全资源投入和非关键安全资源投入两方面分析其对安全水平级别的影响，如图 4-2 和图 4-3 所示。

1. 关键安全资源投入决定着安全水平的级别

关键安全资源对煤矿生产物流系统安全水平发挥着重要作用，其微小变动往往会引起系统安全水平的较大波动。从图 4-2 可以看出，随着关键安全资源投入的逐渐增加，煤矿生产物流的采煤、掘进、机电、通风、排水、运输等子系统对安全资源的需求得到了满足，安全可靠性不断加强，使得系统总体安全水平及其级别整体呈上升趋势。

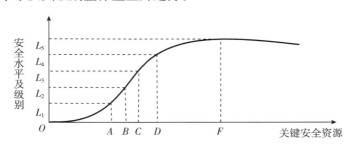

图 4-2　关键安全资源对安全水平级别的影响

当关键安全资源投入处于 OA 阶段时，随着关键安全资源投入的增加，安全水平略有改善，但仍处于危险状态（L_1）；当关键安全资源投入处于 AB 阶段时，安全水平上升速度加快，系统安全水平级别变为高度不安全状态（L_2）；当关键安全资源投入处于 BC 阶段时，安全水平继续提升，但上升速度减缓，系统安全级别处于较不安全状态（L_3）；当关键安全资源投入处于 CD 阶段时，安全水平上升的速度减慢，但安全水平仍在继续提升，系统安全级别处于较安全状态（L_4）；当关键安全资源投入处于 DF 阶段时，安全水平达到最大，系统安全级别达到最佳安全状态（L_5），此后再加大安全投入，安全水平也较难得到提升（马有才等，2010）。

2. 非关键安全资源投入对安全水平级别基本无影响

煤矿生产物流系统非关键安全资源是指对系统安全状态作用不明显的安全资源，从图 4-3 可以看出，随着非关键安全资源投入的逐渐增加，系统总体的安全水平基本没有发生变化，其所处的级别也基本未发生变化，即非关键安全资源的投入未对煤矿生产物流系统安全水平提升做出贡献，持续加大投入会形成安全资源冗余，增加煤炭生产企业的安全成本。这也是本书中需要区分关键安全资源与非关键安全资源的重要原因之一。

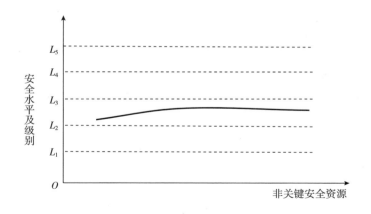

图 4-3 非关键安全资源对安全水平级别的影响

二、安全资源配置对安全水平的影响分析

由于煤矿生产物流系统安全水平变动主要受关键安全资源的影响。从广义上讲，安全资源配置既包括对当前安全资源分配数量的确定，也包括关键安全资源变动时对类别的再次分配；从狭义上讲，安全资源配置仅是对当前安全资源数量的分配（童磊等，2014）。本书将从广义角度分析关键安全资源配置对系统安全水平的影响：一是当关键安全资源的分配数量发生变化时，如何引起系统安全状态及安全水平的变化；二是当关键安全资源本身发生变动，导致影响系统安全水平的关键安全资源投入数量变动，使得系统的安全状态及安全水平随之发生改变。

1. 关键安全资源不变，仅改变分配数量

在煤矿生产物流系统关键安全资源及其投入不变情况下，由于安全资源间存在资源竞争，当关键安全资源的配置数量发生变化时，可能引起安全水平变化甚至改变安全水平等级。

假设煤矿生产物流系统的关键安全资源分配数量为 x_1，x_2，…，x_k，它们对系统安全水平的影响用 $f(x)$ 表示，即：

$$f(x) = (x_1, x_2, \cdots, x_k) \tag{4-1}$$

当对关键安全资源投入重新分配时，分配数量分别为 x'_1，x'_2，…，x'_k，它们对系统安全水平的影响用 $f(x)'$ 表示，即：

$$f(x)' = (x'_1, x'_2, \cdots, x'_k) \tag{4-2}$$

由此可见，在投入总量不变的情况下，增加或减少关键安全资源投入的分配数量，会引起其他一个或若干个关键安全资源的增加或减少，进而使得它们对系统安全水平的作用发生改变。

2. 关键安全资源及其分配数量均发生变化

由于煤炭的不断开采以及内外部环境的变化，决定了影响系统安全水平的关键安全资源随时间推移发生动态改变，此时投入系统的安全资源也应重

新分配。

假设煤矿生产物流系统最初的关键安全资源分配量为 x_1，x_2，$\cdots$，x_k，它们对系统安全水平的影响用 $f(x)$ 表示，即：

$$f(x) = (x_1,\ x_2,\ \cdots,\ x_k) \tag{4-3}$$

由于关键安全资源发生变化的形式较多，包括增加、减少、替换等，为了更好地分析关键安全资源及其分配数量的变化，设改变后的关键安全资源投入为 z_1，z_2，$\cdots$，z_k，它们对系统安全水平的影响用 $f(z)$ 表示，即：

$$f(z) = (z_1,\ z_2,\ \cdots,\ z_k) \tag{4-4}$$

由此可见，关键安全资源本身发生改变时，必然会引起其投入总量及各类安全资源分配数量的变化，进而影响煤矿生产物流系统的安全水平。

第三节　煤矿生产物流系统关键安全资源与安全水平作用机理模型构建

一、关键安全资源与安全水平作用机理分析方法选择

在上述关键安全资源对安全水平的影响分析基础上，需要选择合适的方法建立两者的作用机理模型。目前常见的作用机理分析方法主要有数理统计和专家主观评判两种类型。

（一）数理统计类的作用机理分析方法

数理统计类的作用机理分析方法通常包括主成分分析法、因子分析法、相关系数法、多元线性回归法、多项式拟合逼近法等，其中多元线性回归和多项式拟合逼近法是应用最广泛的分析方法。

1. 多元线性回归分析

多元线性回归分析方法广泛应用于农业、经济、工业等研究领域，它是一种通过一组自变量（x_1，x_2，…，x_n）预测一个或多个因变量（y_1，y_2，…，y_m）的多元统计分析方法（苏变萍和曹艳平，2006）。其主要存在两点不足：第一，系统的自变量随时间和环境呈动态变化时，多元线性回归分析方法难以动态地分析因变量与自变量的作用关系，由此导致拟合结果或预测结果与现实偏差较大；第二，当存在残缺、遗漏、重复甚至是病态数据时，多元线性回归分析方法对数据的不完整、不确定性比较敏感，常会出现"过度拟合"或"无法拟合"等现象。

2. 多项式拟合逼近法

多项式拟合逼近法主要解决了变量间曲线关系难以确定的难题。它采用多项式研究一个因变量 Y 和一个或多个自变量（x_1，x_2，…，x_n）间的关系，属于一种回归分析方法。一般形式可表示为：

$$\hat{y}_s = b_0 + b_1 x + b_2 x^2 + \cdots + b_n x^n \tag{4-5}$$

该方法具有两大优势：一是在试验范围内，可清晰描述因变量 Y 随自变量 X 的变化关系；二是可通过增加自变量 X 的高次项不断逼近实测点，进而拟合因变量 Y 与自变量 X 之间的非线性关系。

在实际问题中针对因变量 Y 与自变量 X 存在的非线性关系，当没有适当的转换形式使其变为线性关系时，可以选用多项式拟合逼近法进行描述（李光辉和叶绪国，2013）。但多项式拟合逼近法计算量较大，尤其是当自变量个数较多或者自变量幂较高时。而且当回归系数存在相关性时，剔除一个变量后还需重新计算求解回归系数，进一步增大了计算量。

此外，数理统计类分析方法主要依靠大量的统计数据进行客观定量的作用关系分析，在此过程中易忽略人的主观意识发挥的作用，可能导致得到的结论与客观事实相悖。因此，还需要融入人的主观分析，发挥专家作用，得到与客观事实相一致的分析结果。

（二）专家主观评判类的作用机理分析方法

融入了专家主观评判的作用机理分析方法常见的有模糊综合评判法、可拓评价法、结构方程模型、系统动力学方法等。

1. 模糊综合评判法

在进行多指标评价时基于评价对象的多属性特征，不能简单地以好坏区分被评价事物。而模糊综合评判法能利用模糊集合有效处理这种多属性决策问题，从而对评价对象做出较为全面的定量化决策（陈晓红和杨志慧，2015）。但较难评价具有多重变量、考虑众多因素的复杂系统。

2. 可拓评价法

可拓评价法是一种多因素评价方法，它主要根据已有数据将评价对象分级并划定数据范围进行多指标评定，根据关联函数并按照关联性大小，以匹配结果最佳的等级作为评价对象的等级。由于此处的关联函数值可正可负，因而能够更好区分评价对象的好坏，使得评价更符合实际（慕静和贾文欣，2015）。

3. 结构方程模型

结构方程模型主要通过提出一个特定的因子结构，利用多种统计指标检验其是否与数据吻合以解决包含潜变量的评价问题。结构方程在评价多维或相互关联的关系过程中，可以发现更深层次的隐含关系并解释误差来源，克服了原有方法无法解决包含潜变量问题的不足（佟瑞鹏等，2014；吴瑞林和杨琳静，2014）。但在构建模型时需要大样本数据且满足多变量正态分布假设，因此，结构方程模型属于一种验证式分析方法，尤其是当变量个数较多时，计算量巨大。

4. 系统动力学方法

系统动力学方法是以系统行为及其内在子系统间的相互关系为基础确定变量和系统的因果关系流图，从系统、功能、历史等多角度开展的系统分析技术，其在解决非线性、多重反馈、复杂时变的预测问题方面具有较好的分析效果（杨浩雄等，2014）。首先，它融合了专家的知识、经验以判断评价对象的真实状态；其次，它融入了人的主观评判，主客观结合处理那些模糊、不确定的定性指标，以建立全面、完整的指标体系。然而，对方法本身而言尚存在一定的局限性，如系统动力学模型的流图方程及参数难以确定，且当变量较多时运用该方法计算较为繁杂。

（三）作用机理分析方法选择依据

对于煤矿生产物流系统而言，由于安全资源投入总量的限制，加上子系统之间及子系统内部均存在"此消彼长"的资源分配竞争，在分析安全资源与安全水平作用机理时必须充分考虑这种相互联系和制约的关系。前述作用机理分析方法虽然在一定程度上能够反映安全资源与安全水平间的这种关系，但大多以消除指标间的相关性为基础，无法直观反映安全资源间的"竞争关系"。

通过相关文献研究发现，C-D生产函数可以拟合安全资源与安全水平间的作用机理，能够以权重的形式反映安全资源间的"竞争关系"（Schmidt，1988）。另外，随着煤炭开采内外部环境的变化，影响系统安全水平的关键安全资源也在随时间发生动态改变，而采用计算量较大的传统分析方法难以解决该类问题，C-D生产函数因其表达式的灵活性，可以有效克服上述缺陷。基于此，本书在分析关键安全资源对安全水平的影响规律基础上，采用C-D生产函数拟合两者的作用机理。

二、基于C-D生产函数的关键安全资源与安全水平作用机理模型建立

（一）C-D生产函数概述

柯布—道格拉斯生产函数（Cobb-Douglas）是由柯布与保罗·道格拉斯在1922年提出的，用来描述生产过程中投入与产出的关系，同时也可以确定各要素之间的替代关系（Vîlcu，2011）。该生产函数的一般形式可表述为：

$$Y = AL^{\alpha}K^{\beta} \tag{4-6}$$

其中，Y 为产出；

A 为大于 0 的常数；

L 为劳动力投入；

α 为劳动投入的投入系数；

K 为资产投入；

β 为资产投入的投入系数。

柯布—道格拉斯生产函数的一个特性是在对式（4-6）取自然对数后，变为：

$$\ln Y = \ln A + \alpha \ln L + \beta \ln K \tag{4-7}$$

然后，通过多元线性回归分析方法求解 A、α、β 的值，进而确定生产函数。

对式（4-7）两边求全微分可以得到：

$$\frac{dY}{Y} = \frac{dA}{A} + \alpha \frac{dL}{L} + \beta \frac{dK}{K} \tag{4-8}$$

其中，参数 α 和 β 的经济含义是：α 表示在生产过程中劳动要素的权重，$\alpha = \frac{\partial Y}{\partial L} \times \frac{L}{Y}$；$\beta$ 为在该过程中资产的权重，$\beta = \frac{\partial Y}{\partial K} \times \frac{K}{Y}$；安全生产函数为多要素投入的生产函数。

从函数模型可以得出，劳动力、资本投入和综合科技水平等方面内容决定了工业产出。

（二）作用机理模型建立

柯布—道格拉斯生产函数最初是单一替代弹性生产函数，替代弹性取值为 1，当劳动替代资本 K 不变时，随着劳动的投入 L 增长，资本 K 的替代数量会随之降低。随后，柯布—道格拉斯生产函数的应用领域逐渐被拓展至多项资源投入的情况（唐小我等，2005）。

研究煤矿生产物流系统安全资源与安全水平的作用机理实质上是为了分

析各类资源对安全水平的贡献度，为煤炭生产企业科学配置安全资源提供决策依据。因此，此处可利用 C-D 生产函数拟合安全资源与安全水平间的作用关系。具体形式为：

$$Y = F(x_1, x_2, \cdots, x_s) = C x_1^{c_1} x_2^{c_2} \cdots x_s^{c_s} \tag{4-9}$$

其中，Y 为安全水平；

C 为大于 0 的常数；

$x_1, x_2, \cdots, x_s$ 为关键安全资源；

$c_1, c_2, \cdots, c_s$ 为关键安全资源对安全水平的贡献率，即对安全水平的重要程度，且 $\sum_{i=1}^{s} c_i = 1$。

本书利用 MINITAB 软件求解模型参数 C 和 $c_i (i = 1, 2, \cdots, s)$，以此得到安全资源与安全水平的作用机理关系式。具体实现步骤如下：

（1）在第三章筛选关键安全资源基础上，整理相关数据并进行标准化处理。

（2）对式（4-9）两边取对数，同时根据 $\sum_{i=1}^{s} c_i = 1$，将其变形为：

$$\ln Y = \ln C + c_1 \ln \frac{x_1}{x_s} + c_2 \ln \frac{x_2}{x_s} + \cdots + \ln x_s \tag{4-10}$$

（3）根据式（4-10）进一步处理数据，确定输入和输出变量，进而利用 MINITAB 求解，得到 $s-1$ 个回归系数，即 $c_1, c_2, \cdots, c_{s-1}$。

（4）观察回归方程的判定系数，进行拟合优度检验。若拟合优度值 R^2 大于 0.85，说明方程与数据的拟合程度较高，则转至第（5）步。否则返回第（1）步。

（5）观察回归方程的显著性概率，进行显著性检验。若显著性检验的 P-Value 小于 0.05，说明输入变量和输出变量的线性关系显著，则转至第（6）步。否则查找原因并返回第（1）步。

（6）进一步观察回归系数，进行回归系数的显著性检验。若显著性检验的 P-Value 小于 0.05，说明系数显著，即该系数为需要保留的重要变量，则转至第（7）步。否则分析原因，重新修正模型或删除该变量返回第（2）步重新计算。

（7）根据回归结果及 $\sum_{i=1}^{s} c_i = 1$，得到各关键安全资源的重要度系数并代入式（4-9），从而得到安全资源与安全水平的作用机理关系式。

第四节　本章小结

本章主要研究了煤矿生产物流系统关键安全资源与安全水平间的作用机理。首先，分析了煤矿生产物流系统状态变化规律，在此基础上界定了系统安全水平并进行了等级划分；其次，根据前述章节筛选的关键安全资源，从资源投入及分配两方面分析了其对安全水平的影响；最后，综合对比了常见的作用机理分析方法，并选取 C-D 生产函数拟合关键安全资源与安全水平间的非线性作用关系，为后续建立安全资源逆优化配置模型提供了目标函数。

第五章 煤矿生产物流系统安全资源逆优化配置路径实现

常规的煤矿生产物流系统安全资源配置优化方法在一定程度上提高了配置效率，但当外界环境发生变化时，当前资源配置达到的安全水平往往无法满足系统新的安全水平需求。由于煤炭生产企业不可能无限增加安全资源投入，此时需要综合考虑安全资源间的联系，优化系统运行方式以实现安全水平最优、资源利用效率最高的目标。因此，本章在分析安全资源逆优化配置内涵基础上，提出了安全资源逆优化配置实施架构并对其流程进行分析，建立了安全资源配置原始模型，进而用逆优化方法将其转化为逆优化模型并求解，为煤矿生产物流系统逆优化配置安全资源设计了实现路径，同时也为后续逆优化应用研究奠定了决策理论基础。

第一节 煤矿生产物流系统安全资源逆优化配置概述

一、安全资源逆优化配置原理分析

对煤矿生产物流系统进行安全资源配置实质上是结合安全资源配置的变

化形式，通过改变目标函数及其系数、改变约束条件及其资源消耗系数、改变安全资源储备量等途径，使得某种给定的安全资源配置方案得以最优化实现，同时使目标函数的最优值得到进一步改善（林萍和张相斌，2015），这正是逆优化方法所解决的关键问题。

常规的资源优化配置通常假设各项资源的重要度、消耗技术系数、储备量等参数是确定的，然后求解该问题的最优解。而在具体实践中，这些确定性参数大多为估计值，且已知某些给定的资源配置方案是问题的最优解（或是满足要求的解）。逆优化问题研究的是在已知原优化问题可行解条件下，如何改变优化问题的某些参数值，使得该可行解成为原问题在这些参数值下的最优解，且参数的改变量（改造费用）尽可能少（张相斌等，2007）。

因此，对煤矿生产物流系统而言，常规的安全资源配置方法解决的是在可行域内寻找最优配置方案的问题，体现了安全资源配置的择优过程。而本书中的逆优化问题解决的是如何调整相关参数使得给定的安全资源配置方案成为最优方案，体现了安全资源配置的培优过程。两者均为优化安全资源配置的方法，但实现目标的着眼点及途径不同，具体表现为：

（1）常规安全资源配置方法的择优过程着眼于"选择最优"，即通过综合考虑煤矿生产物流系统特征及安全资源间的关系，分配投入的安全资源，从中选择最优配置方案。在系统投入的安全资源有限的条件下，煤炭生产企业往往追求资源投入效益最大化，从多种互相替代的方案中选择较优方案，以实现安全水平最高和安全资源成本最低的目标。

（2）安全资源逆优化配置的培优过程着眼于"培养最优"，即通过优化煤矿生产物流各子系统的相关参数（如子系统对安全资源的消耗系数、安全资源对安全水平的重要程度等），将投入的安全资源配置方案培养为当前最优方案，从而达到不增加投入即可提升安全水平的目的。

综上所述，若使给定的安全资源配置方案成为最优，可以运用以下逆优化路径加以实现（张相斌和林萍，2014）：

第一，改变安全资源配置模型中目标函数的价值系数，即改变各项安全资源对系统安全水平的重要程度，使给定方案成为最佳安全资源配置方案。此路径未改变可行域，因此，给定的安全资源配置方案必须是原模型的可行解。

第二，改变安全资源配置模型中约束条件的资源消耗系数，即改变系统对各类安全资源的消耗系数，使给定方案成为最佳安全资源配置方案。此路径改变了可行域的形状和大小，因此，给定的安全资源配置方案不必为原模型的可行解。

第三，改变安全资源配置模型中约束条件的右端项，即改变安全资源的储备量，使给定的方案成为最佳安全资源配置方案。此路径扩张或平移了可行域，因此，给定的安全资源配置方案不必为原模型的可行解。

二、安全资源逆优化配置实施架构

在"安全至上"的高压线下，煤炭生产企业不断加大各类安全资源投入，尤其是发生煤矿事故或存在安全隐患的企业更是如此，但考虑到煤矿生产物流系统安全资源配置的特征，持续增加安全资源不仅对安全水平的提升效果不明显，还会形成资源冗余。另外，由于安全资源投入不可能无限增加，煤矿生产物流各环节必然存在安全资源竞争。当资源配置失衡时，因系统对某安全资源的需求得不到满足会引起系统状态波动，从而降低煤矿安全水平。

因此，本书从安全、成本、效率等方面综合考虑，采用逆优化方法解决煤矿生产物流系统安全资源配置问题，以实现系统安全水平最高和资源配置成本最低的双重目标，其实施架构如图5-1所示。

1. 关键安全资源层构建

关键安全资源层是实现安全资源逆优化配置的载体，它主要运用改进粗糙集方法计算并比较各安全资源的权重大小以识别关键安全资源。

由第三章可知，针对煤矿生产物流系统各子系统的影响，系统的安全资

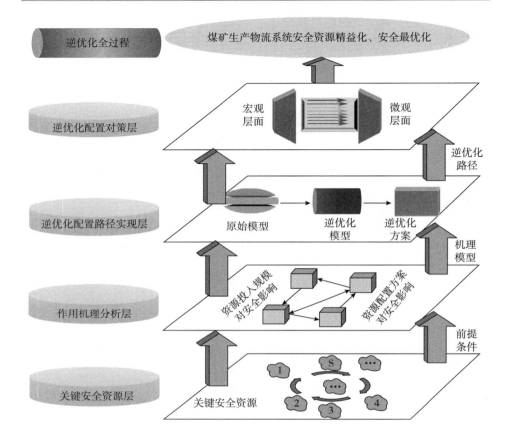

图 5-1　煤矿生产物流系统安全资源逆优化配置实施架构

源包括采煤设备、采煤人员、顶板管理、采煤技术管理、掘进设备、掘进人员、机电设备、机电管理人员、机电安全管理、通风设施、通风人员、通风安全监控、通风技术管理、排水设备、排水人员、排水技术管理、运输设备、运输人员、运输技术管理、安全培训、应急救援等具体内容。由于煤矿生产物流系统的工作环境随时间推移而变化，各子系统的运行特征及参数也会随之变动，使得各类安全资源对系统安全状态的影响呈动态时变特征且重要程度不一致，尤其是对系统安全影响较大的关键安全资源，其微小的波动往往会引起系统安全状态的大幅波动。因此，需要识别影响各子系统的关键安全资源，建立关键安全资源层，为煤矿生产物流系统安全资源逆优化配置奠定基础。

2. 作用机理分析层构建

作用机理分析层是实现安全资源逆优化配置的支撑，如前文所述，本书中主要运用 C-D 生产函数拟合关键安全资源与安全水平间的作用关系，为后续逆优化提供目标函数。

作用机理分析层主要是在关键安全资源层基础上，进一步挖掘煤矿生产物流系统状态的变化规律，分析关键安全资源的投入及配置方案对安全水平的影响，揭示关键安全资源与安全水平的作用关系，为后续逆优化方案的实施提供支撑。

3. 资源逆优化配置路径实现层构建

资源逆优化配置路径实现层是安全资源逆优化配置的核心，建立原始模型是构建逆优化模型的前提。因此，该层需要分析关键安全资源与安全水平间的作用机理，并确定相应的目标函数、约束条件以建立资源配置原始模型，在此基础上针对煤矿生产的需要或外界环境的改变，选择合适的逆优化目标，进而建立资源逆优化配置模型，为制定安全资源逆优化配置对策奠定基础。

资源逆优化配置路径实现层主要结合煤矿生产物流系统对安全水平的要求，通过优化煤矿生产物流系统中的资源重要程度、资源消耗系数、资源储备量等参数，以最小的变化成本使得原有的安全资源配置方案成为当前最优方案。

4. 资源逆优化配置对策层构建

资源逆优化配置对策层是实现安全资源逆优化配置的保障，主要任务是根据逆优化结果制定相应对策，为煤炭生产企业提高安全资源利用效率指明方向。

资源逆优化配置层在综合分析煤矿生产物流系统逆优化模型及其求解结果基础上，从宏观和微观层面分别制定煤矿生产物流系统安全资源逆优化对策，以实现安全水平最高和配置成本最低的双重目标。

三、安全资源逆优化配置流程

根据提出的煤矿生产物流系统安全资源逆优化配置实施架构，设计逆优化配置系统的安全资源流程，如图 5-2 所示。

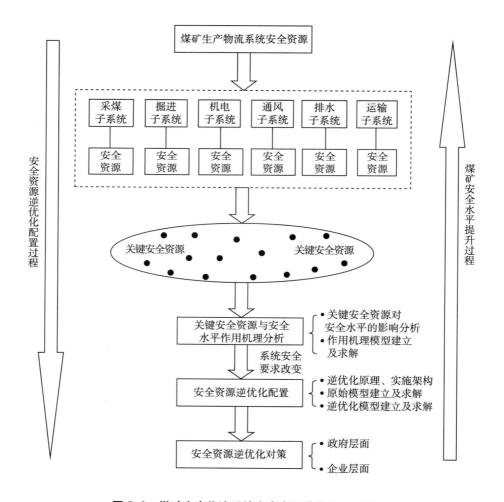

图 5-2　煤矿生产物流系统安全资源逆优化配置流程

第二节　煤矿生产物流系统安全资源
配置原始模型构建及求解

构建安全资源配置原始模型是实现安全资源逆优化配置的基础。由上述分析可知，逆优化是在给定的安全资源配置方案前提下，通过优化模型的目标函数系数、资源消耗系数或资源储备量等参数，将已实施的安全资源配置方案变为当前最优方案。因此，在构建逆优化模型之前，首先需要确定安全资源配置的目标函数及约束条件，其次构建安全资源配置原始模型。

一、模型假设及决策变量确定

（一）模型假设

构建煤矿生产物流系统安全资源配置原始模型时，本书做出如下假设：

假设 1　煤矿生产物流系统安全资源投入总量存在上限限制。

假设 2　在煤矿生产物流系统中，每项安全资源对系统安全水平的影响系数（即重要度）在一定控制范围内可以改变。

假设 3　煤矿生产物流系统安全资源配置只有在可行域 $D = \{ x_i \mid h(x_i) \leqslant 0,\ b_i^0 \leqslant x_i \leqslant b_i^1 \}$ 内执行时，系统才运行正常。

（二）决策变量确定

由第三章可知，煤矿生产物流系统安全资源众多，包括采煤、掘进、机电、通风、排水、运输等子系统以及安全培训、应急救援等安全资源指标，每种安全资源均对系统运转起着不同程度的作用，有些安全资源的影响程度高，其微小变动即会引起煤矿生产物流系统安全状态较大的波动甚至是改变系统安全水平等级，而有些安全资源的影响程度偏低，它的变动对系统安全状态的影响作用较小。鉴于此，本书以粗糙集筛选的关键安全资源作为模型的决策变量，用 x_1，x_2，$\cdots$，x_s 表示。

二、目标函数确定

煤矿生产物流系统安全资源配置包括直接效果和间接效果。直接效果指安全资源配置提高了煤矿生产物流系统的安全水平，不仅为井工作业人员的身心健康提供了重要保障，还避免或减少了煤矿事故带来的有形损失（如人员伤亡、财产损失等）和无形损失（如企业形象损失、效率损失等），保障了煤矿生产过程的正常运转，进而提高了煤炭生产企业的经济效益；间接效果是指因安全资源配置的预防性、多效性等特征，可以及时消除系统的不安全影响因素以提高其可靠性，进而降低煤矿事故的发生概率，减少煤炭生产企业事故损失。

结合上述煤矿生产物流系统安全资源逆优化配置分析，无论是直接效果还是间接效果，安全资源配置均存在以下循环：安全资源的合理投入将会消除煤矿生产物流系统中潜在的不安全因素，使得系统处于安全状态并保持较高的安全水平，减少煤矿生产事故发生或人员伤亡，进而保障煤矿生产物流系统的正常运行。在此循环中，煤矿生产物流系统安全水平起着决定性作用，而其高低又取决于安全资源配置是否合理。基于此，本书选用煤矿生产物流系统安全水平指标以衡量安全资源配置的综合效果。

根据第四章的关键安全资源与安全水平作用机理分析相关内容，本书运用式（4-9）作为安全资源配置原始模型的目标函数。

$$Y=F(x_1，x_2，\cdots，x_s)=Cx_1^{c_1}x_2^{c_2}\cdots x_s^{c_s} \tag{5-1}$$

其中，Y 为安全水平；x_i 为第 i 种关键安全资源；c_i 为关键安全资源对安全水平的重要度；C 为常数。

三、约束条件确定

（1）鉴于煤矿生产物流系统安全资源投入的有限性，即资源投入总量存在上限，可以表示为：

$$\sum_{i=1}^{s} x_i \leqslant B \tag{5-2}$$

其中，B 为安全资源投入总量上限。

（2）煤矿生产物流子系统相互联系、相互制约，同时存在对安全资源的"竞争"，共同决定着安全资源之间的关联性，即约束关系为：

$$h(x_i) \leqslant 0 \tag{5-3}$$

（3）各安全资源的投入有上限和下限限制，即：

$$b_i^0 \leqslant x_i \leqslant b_i^1 \tag{5-4}$$

其中，b_i^0 为第 i 种安全资源的投入下限，b_i^1 为第 i 种安全资源的投入上限。

四、模型构建及求解

（一）模型构建

根据已确定的目标函数和约束条件，煤矿生产物流系统安全资源配置原始模型可以表示为：

$$\max F(x_1, x_2, \cdots, x_s) = C x_1^{c_1} x_2^{c_2} \cdots x_s^{c_s}$$

$$\text{s. t.} \begin{cases} \sum\limits_{i=1}^{s} x_i \leqslant B \\ h(x_i) \leqslant 0 \\ b_i^0 \leqslant x_i \leqslant b_i^1 \\ i = 1, 2, \cdots, s \end{cases} \tag{5-5}$$

该模型的描述：在满足现有系统条件约束时，求解一组资源配置方案 $(x_1, x_2, \cdots, x_s)$，使得煤矿生产物流系统安全水平达到最大值。

（二）模型求解

从式（5-5）可以看出，煤矿生产物流系统安全资源配置原始模型属于非线性规划问题。一般而言，求解该问题常用的方法：一是直接在可行域内寻找模型的最优解；二是将有约束问题转换成一系列无约束优化问题，然后采用无约束条件优化模型求解方法寻找最优解（李昌兵等，2011）。

在有约束的最优化问题中，常用的处理约束方法是罚函数法，主要目标是消除或减少约束条件。然而，罚函数法的求解精度取决于数学优化模型的详细程度，一般而言，数学模型越精确，其数学表达式的复杂性就越高，此时模型的计算量相应也越大，难以全部满足现实要求。另外，求解过程中初始点位置选取的优劣直接影响着优化结果，初始点位置选取不合理可能得到次优解甚至不可行解。

针对罚函数算法的不足，国内外众多专家学者深入研究了求解非线性规划问题的启发式算法，包括遗传算法、模拟退火、人工神经网络等。该类方法以搜索某个解的邻域为基础，通过不断迭代以寻求全局最优解。相较于其他启发式算法，遗传算法直接对研究对象进行操作，不要求优化函数可导和连续，也不要求寻优前确定相应规则，该方法已广泛应用于机器学习、信号处理、组合优化和自适应控制等领域（姚明海等，2013）。鉴于其采用概率化的寻优方法获取搜索空间可以自适应调整搜索方向及较强的全局寻优能力，本书采用遗传算法求解安全资源配置原始模型。

第三节　煤矿生产物流系统安全资源逆优化配置模型构建及求解

一、逆优化配置目标确定

由前述分析可知，逆优化实现路径包括调整目标函数价值系数、调整资源储备量、调整资源消耗系数等。因此，煤矿生产物流系统安全资源逆优化配置实现的目标可描述为以下三种类型：

（1）如何最小范围调整目标函数中的价值系数，使得当前安全资源配置方案成为最优方案？

该目标的实现手段是分析各类关键安全资源的特征及运行情况，通过制定管理策略、引进先进的管理理念、完善管理机制等措施改变各类关键安全资源对安全水平的重要度。例如，在需要提升掘进子系统安全资源对安全水平的重要度时，可从改变掘进人员的工作制度、制定掘进技术操作规范、维护或更新掘进系统设备等途径提高掘进子系统中安全资源的效用，在使当前安全资源配置方案最优条件下实现安全水平的提升。

（2）如何最小范围地调整约束条件中的资源消耗系数，使得当前安全资源配置方案成为最优方案？

煤矿生产物流系统资源消耗系数是指为保障系统的安全运行，对各项安全资源的投入比例。例如，用培训时间、培训次数、人员配备数量等衡量系统对人员类安全指标的消耗，用机器运转时间、机器维护次数、机器投入量等衡量系统对机器类安全指标的消耗。该目标主要是通过改变工作人员数量、制定机器运转时间等形式优化煤矿生产物流系统的运行方式，以改变系统对安全资源的使用比例或投入比例，从而使当前配置方案最优。

（3）如何最小范围地调整约束条件中的资源储备量，使得当前安全资源配置方案成为最优方案？

当煤矿生产物流系统不确定状态发生时，为及时供给安全资源、消除不确定因素以保障系统安全运行，系统需要储备一定的安全资源。由此可见，煤矿生产物流系统安全资源的储备量由系统对安全资源的需求量及供应量共同确定。因此，该目标的实现手段是结合煤矿安全生产现状分析系统对安全资源的需求，并进一步确定安全资源间的约束关系，进而调整煤矿生产物流系统的资源储备量，使得当前配置方案成为最优方案。

综上所述，煤矿生产物流系统的安全资源大多已提前投入，而系统安全资源储备量及子系统对各安全资源的消耗系数相对固定。因此，本书从调整目标函数的价值系数角度对煤矿生产物流系统进行了安全资源逆优化配置，即通过优化关键安全资源对安全水平的重要度这一逆优化路径实现安全水平的提升。

二、逆优化配置问题描述

煤矿生产物流系统安全资源逆优化配置涉及众多安全资源的动态变化，这些安全资源相互作用、共同影响着资源配置的效果，而逆优化是一个培优过程，可以将给定的方案或解变为最优方案或最优解。因此，本书将煤矿生产物流系统安全资源逆优化配置界定为在原始模型给定的安全资源配置方案前提下，如何优化系统的安全资源对安全水平的重要度，使得已实施的安全资源配置方案变为当前最优方案，同时以最经济的方式使得系统的安全水平得到改善。

鉴于煤矿生产物流系统安全资源配置的特征，结合第三章的关键安全资源筛选、第四章的关键安全资源与安全水平的作用机理分析等相关内容，该安全资源逆优化配置问题可描述为：

假设煤矿生产物流系统关键安全资源包括 s 种，原始模型给定的安全资源分配量分别为 x_1, x_2, $\cdots$, x_s，c_i 表示第 i 种安全资源对安全水平的重要度，系统安全资源配置方案为 $(x_1^0, x_2^0, \cdots, x_s^0)$。在给定的安全资源配置方案情况下，应考虑如何调整安全资源的重要度使得该配置方案成为最优方案，且提升系统安全水平。

三、逆优化配置模型构建

随着外界环境的变化，煤矿生产物流系统对安全水平的要求也会随之变动，尤其是当系统对安全水平的要求 Y^* 超出资源配置原始模型目标函数的最

大值 Y_{max} 时，原始模型确定的安全资源配置方案将无法满足系统安全生产的新要求。

因此，本书将从调整安全资源对安全水平的重要度入手，建立煤矿生产物流系统安全资源逆优化配置模型，通过优化重要度组合 $(c_1, c_2, \cdots, c_s)$，使之达到外界环境发生变化时煤矿生产物流系统对安全水平的需求 Y^*。具体形式可描述为：在参数可行域 D 内，寻找 $c \in D$ 使得目标函数 $F(c)$ 的值趋近于需求值 Y^*，该模型可以表述为：

$$\min_{(c, X, \gamma)} G(c)$$
$$\text{s.t. } c \in D \tag{5-6}$$

其中，$G(c) = |F(c) - Y^*|$ 或 $(F(c) - Y^*)^2$，D 为 c 的约束条件，$D = \{c: g(c) \leq 0\}$，$g(c)$ 是凸函数。

更进一步地，逆优化方法需要在目标函数取得最大值时达到需求值，因此，与式（5-6）对应的逆优化问题可以转换成双层规划的形式，下层问题表示取得最大值的目标函数，上层问题表示趋近于需求值的函数值。具体可表述如下：

$$(UP) \quad \min_{(c, X, \gamma)} G(c)$$
$$\text{s.t. } c \in D$$
$$(LP) \quad \max_x F(x_1, x_2, \cdots, x_s)$$
$$\text{s.t.} \begin{cases} \sum_{i=1}^{s} x_i \leq B \\ h(x_i) \leq 0 \\ b_i^0 \leq x_i \leq b_i^1 \\ i = 1, 2, \cdots, s \end{cases} \tag{5-7}$$

该模型可描述为：通过在可行域 D 范围内调整得到一组新的安全资源重要度组合 $(c_1, c_2, \cdots, c_s)^*$，使得调整后的目标函数 $F(x_1, x_2, \cdots, x_s)$ 在约束条件下存在的一组可行解 $(x_1^0, x_2^0, \cdots, x_s^0)$ 达到最大值，其值趋近

于 Y^*。

四、逆优化配置模型求解

由式（5-7）可知，安全资源逆优化配置模型求解实质是一个双层规划问题。由本书第二章中的双层规划理论介绍可知，双层规划（Bi-Level Programming Problem）是一类包括上层问题和下层问题的二层递阶结构系统优化方法，上下层问题均包括各自的决策变量、约束条件与目标函数，是公认的 NP-hard 问题（任爱红和王宇平，2014）。

针对本书建立的安全资源逆优化配置模型，利用 KKT 最优化条件可以将该双层规划模型的原始模型（LP）转化为逆优化模型（UP）的约束条件，使得该双层规划问题转化为较为简单的单层非线性规划问题：

$$\operatorname*{Min}_{(c,x,\gamma)} \left(F(c)-Z^*\right)^2$$

$$\text{s.t.} \begin{cases} g(c) \leqslant 0 \\ \nabla_x L(x, \gamma) = 0 \\ \gamma^T h(x) = 0 \\ h(x) \leqslant 0 \\ \gamma \geqslant 0 \\ b_i^0 \leqslant x_i \leqslant b_i^1 \end{cases} \tag{5-8}$$

其中，$L(x, \gamma) = F(x) + \gamma h(x)$ 是拉格朗日函数，γ 是拉格朗日乘子。

安全资源逆优化配置模型的求解此时转化成了关于参数 c，x，γ 的单层非线性规划问题。到目前为止，已有相关文献提出了有效的算法来求解双层规划问题的最优解，如传统的罚函数法、分支定界法以及遗传算法等。其中，传统数学算法针对中小规模问题最优解的求取效率相对较高效，然而求解大规模问题解时运算时间较长，而且有可能求不出问题的最优解（Lv 等，2010；李相勇和田澎，2008）。对此，遗传算法具有多点并行随机搜索机制，在其求取大规模问题的最优解时表现出了高效、可行及实用性的特点。因此，本书采取遗传算法求解该双层规划问题：

首先，根据已知条件，将双层规划问题（5-7）转化为一个单层规划问题（5-8）；其次，利用对解决线性规划不等式约束问题时添加的松弛变量，以及在求取非线性约束条件的边界点时采取的策略，对约束条件加以处理，从而提高种群个体的可行性；最后，为了降低搜索空间的维数，给出求解乘子方法。

此外，当下层目标为线性函数时，在进化过程中可构造出二次进化方法以加快种群进化速度、提高算法效率，同理，广义凸规划问题也可以用 KKT 条件求解。

在求解问题（5-8）时，需考虑如下问题：

（1）遗传算子会产生许多不可行点，不但影响求解效率，而且不利于搜索最优解。

（2）若将 γ 看作是与 α，x 一样的变量，则搜索空间的维数较大，会影响到运算效率。

为了求解问题（1），根据约束函数的特征，应依次对种群进化中产生的种群个体进行线性与非线性约束转换，该过程有利于增大种群中的可行点比例，提高搜索上下层目标函数最优解效率。

当 $D_r=(A_r，B_r)$ 线性无关时，$r=1$，2，$\cdots$，r_0 线性无关。由此可作如下处理：任意取一组小的正数 $\delta_r \geqslant 0$，求解如下方程组：

$$\begin{cases} A_1x+B_1y=C_1-\Delta_1 \\ A_2x+B_2y=C_2-\Delta_2 \\ \qquad \vdots \\ A_rx+B_ry=C_r-\Delta_r \end{cases} \qquad (5-9)$$

求解上述方程组（5-9）得到满足全部约束条件的点 $(x_1，y_1)$。

当 $D_r=(A_r，B_r)$ 线性相关时，$r=1$，2，$\cdots$，r_0 线性相关。反之，当 $D_r=(A_r，B_r)$ 线性无关时，可以找出一个点 $(x_1，y_1)$，满足前 r_1 个约束条件。若

求得的点无法满足第 $j(j>r_1)$ 个约束条件，因为存在一组不全为 0 的数 β_1，β_2，$\cdots$，β_{r_1}，可以使 $D_j=\beta_1 D_1+\cdots+\beta_{r_1} D_{r_1}$，可进行如下修正：当 $\alpha_k>0$ 时，递增 δ_k；当 $\alpha_k<0$ 时，递减 $\delta_k(\geqslant 0)$。

将修正后的 δ_k 代入方程组（5-9），可以取得新的 (x_1,y_1)，满足第 j $(j>r_1)$ 个约束。

重复以上过程，直至满足所有线性约束。

为了解决问题（2），对任意固定的 $(\bar{x},\bar{y})\in S$，应建立如下线性规划函数：

$$\bar{u}=\min_{\lambda,U}(1,\ 1,\ \cdots,\ 1)U$$

$$\text{s. t.}\begin{cases}h_t(\bar{x},\ \bar{y},\ \lambda)+u_t=0,\ t=1,\ 2,\ \cdots,\ m+1\\ \lambda\geqslant 0,\ U\geqslant 0\end{cases}\tag{5-10}$$

其中，$U=(u_1,\ u_2,\ \cdots,\ u_{m+1})^T$ 为人工变量，对于任意固定的 $(\bar{x},\bar{y})$，求解式（5-10）可得到 λ，因此只需在算法中进化 $(\bar{x},\bar{y})$ 以降低问题的维数。

进一步地，通过式（5-10）可以判断 $(\bar{x},\bar{y})$ 是否为下层优化问题的最优解。事实上，对于固定的 $(\bar{x},\bar{y})\in S$，若 $\bar{u}=0$，则存在 $\lambda\geqslant 0$，使得 $(\bar{x},\bar{y},\lambda)$ 满足式（5-8）的约束；否则，$(\bar{x},\bar{y})$ 不是下层问题的最优解，需继续进化 $(\bar{x},\bar{y})$。

第四节　本章小结

本章研究了煤矿生产物流系统安全资源逆优化配置路径实现问题。首先，对煤矿生产物流系统安全资源逆优化配置原理、实施架构及流程进行了概述；

其次，确定了安全资源配置目标函数及约束条件，建立了安全资源配置原始模型；最后，结合煤矿生产物流系统特征，确定了安全资源逆优化配置目标，在此基础上建立了安全资源逆优化配置模型，并利用双层规划与遗传算法对其求解，从而实现了煤矿生产物流系统安全资源的逆优化配置。

第六章 煤矿生产物流系统安全资源逆优化配置应用及对策

为验证上述模型及方法的有效性和合理性，本书以某矿业集团某矿井作为应用对象，建立了某矿井的安全资源逆优化配置模型，通过调整安全资源对安全水平的重要度实现了安全资源配置的培优，达到了不增加安全资源投入即可提升煤矿生产物流系统安全水平的目的。同时，综合考虑我国煤炭行业安全资源配置现状，从宏观和微观两个层面提出了加强安全资源逆优化配置的对策。

第一节 煤矿生产物流系统安全资源逆优化配置应用

一、逆优化应用背景及数据收集

某矿业集团下辖 12 家煤矿，其中某矿井设计服务年限为 25 年，开采规模为 28 万吨/年，可采储量为 7182.5kt。该矿主斜井采用胶带输送机负责将井下煤炭运输至地面，副立井为辅助提升井，开采方式为斜井与竖井混合开拓，采取机械抽出式中央并列式通风方式。

（一）应用背景

由于长期的粗放式开采管理，该矿井安全水平偏低，安全事故时有发生且投入的安全资源浪费严重。自 2008 年以来，该矿井引入了新的开采工艺及采掘设备，更新了矿井的通风、机电、运输等老旧装备，加强了作业人员的安全理念与素质培训，同时完善了作业操作规范，提升了煤矿的安全水平。

通过调研发现，某矿井提升安全水平的主要途径是针对井下生产出现的问题按常规的安全资源优化配置方法不断加大安全资源投入。例如，当采煤作业人员效率低下时，该矿井会增加采煤设备的投入；当作业环境监测数据出现异常时，该矿井则增加了通风子系统的安全投入，凡此种种。该矿井为实现"零事故、零伤亡"目标，连年加大对煤矿各子系统的安全资源投入。初期煤矿生产物流安全水平提升效果显著，但随着投入的不断增加，安全水平提升的效果却越来越不明显，同时还增加了企业负担。基于此，本书以某矿井作为应用对象，为改善某矿井当前现状，运用逆优化理论开展了安全资源配置研究。

（二）数据收集

首先，收集该矿井的各类安全资源指标数据。为保证安全资源指标数据的可获取性和准确性，本书根据该矿井生产物流各子系统的安全资源指标，通过查阅 2005~2015 年的资源投入概况表、内部报表及统计台账等资料，获取了资源指标的历史数据。

其次，确定该矿井历年来的安全水平状况及等级。因该指标属于定性指标，为了得到能够客观反映矿井安全水平的真实数据，本书通过收集国家及省煤矿安监局对矿井安全生产的历史统计数据、矿井安全生产自评报告，聘请了20 位煤矿管理人员及专家从历年的事故发生等级及发生次数、年度隐患排查频率、隐患排查结果等方面对其安全生产状况进行了综合打分，计算了该矿井历年安全水平的平均值，以此作为最终的安全水平等级，数据如表 6-1 所示。

表6-1 2005~2015年某矿井安全资源投入及安全水平

| 序号 | 年份 | 安全资源投入（万元） | | | | | | | | 安全水平 | |
		x_1	x_2	x_3	x_4	x_5	x_6	x_7	$\cdots$	x_{22}	等级	得分
1	2005	190	62	20	40	110	68	40	$\cdots$	20	L_2	40
2	2006	239	65	19	43	129	71	43	$\cdots$	19	L_3	53
3	2007	165	61	23	48	140	69	48	$\cdots$	26	L_4	68
4	2008	260	72	33	61	194	80	61	$\cdots$	32	L_3	54
5	2009	311	75	46	75	248	82	75	$\cdots$	41	L_3	58
6	2010	360	73	48	74	262	82	52	$\cdots$	38	L_4	65
7	2011	298	78	53	83	310	85	47	$\cdots$	39	L_4	71
8	2012	370	80	43	79	290	85	79	$\cdots$	45	L_4	76
9	2013	436	80	58	80	351	86	80	$\cdots$	40	L_5	87
10	2014	327	80	62	81	312	85	85	$\cdots$	42	L_5	90
11	2015	302	69	54	80	287	85	82	$\cdots$	41	L_5	86

二、逆优化配置路径实施

本书围绕煤矿生产物流系统的关键安全资源筛选、关键安全资源与安全水平作用机理分析、原始模型构建及求解、逆优化模型构建及求解等内容开展了逆优化理论应用。

（一）关键安全资源筛选

首先，运用 LF-AFSA 方法对决策表离散化；其次，运用 GA 方法进行关键安全资源筛选。

1. 基于 LF-AFSA 的数据离散化

根据第三章提出的关键安全资源筛选算法与步骤，首先运用本书提出的 LF-AFSA 离散化方法对安全资源决策表进行离散化处理，参数设置如下：$N_p = 100$，$\delta = 0.7$，$Z = 5$，$\lambda = 1$，$N_t = 10$，离散化后得到决策表6-2。

表 6-2 离散化决策表

序号	x_1	x_2	x_3	x_4	x_5	x_6	x_7	...	x_{22}	等级
1	1	2	2	4	1	3	1	...	2	L_2
2	1	1	2	1	1	3	2	...	2	L_3
3	3	1	3	2	3	1	2	...	4	L_4
4	2	1	1	2	3	2	4	...	1	L_3
5	2	3	3	1	2	1	3	...	4	L_3
6	2	3	1	4	3	2	1	...	3	L_4
7	3	2	1	3	3	2	1	...	1	L_4
8	3	3	2	4	2	1	4	...	4	L_4
9	1	2	1	3	1	3	4	...	1	L_5
10	1	2	3	3	2	1	3	...	1	L_5
11	2	1	1	2	2	3	2	...	2	L_5

结果显示：在保持原决策表一致性基础上简化了属性值，验证了 LF-AF-SA 算法可以合并原有离散属性值，实现了连续属性的离散化，减少了冗余信息，为后续指标约简奠定了基础。

2. 基于 GA 的安全资源指标约简

设置遗传算法参数（种群大小 m = 25，交叉概率 pc = 0.8，变异概率 pm = 0.02），根据表 6-2 对安全资源指标进行属性约简，运行结果如表 6-3 所示。

表 6-3 汇总了关键安全资源筛选的迭代次数、每一代的最优个体、最优个体的适应值、最优个体连续出现的次数。结果显示在第 9 代时出现了最优个体且连续 10 代保持不变，为（1000001000000100010010），即安全资源指标约简的结果为（x_1，x_7，x_{14}，x_{18}，x_{21}），对应的关键安全资源分别为采煤设备、掘进技术管理、通风技术管理、运输设备、安全培训。因此，某矿井应重点从以上五方面确定安全资源配置决策的重点及方向。

表 6-3 煤矿生产物流系统安全资源约简结果

迭代次数	最优个体	最优个体适应值	最优个体连续出现次数
1	100100001100010001010	0.76333	1
2	110000010100010100000	0.92835	1
3	110000010100010100000	1.20116	2
4	110000010100010100000	1.33345	3
5	100100001001000000110	1.48537	1
6	100100001001000000110	1.53224	2
7	100100001001000000110	1.70338	3
8	100100001001000000110	1.87332	4
9	100000100000100010010	1.92147	1
10	100000100000100010010	1.98661	2
⋮	⋮	⋮	⋮
18	100000100000100010010	2.35652	10

此外，为进一步验证本书提出的改进粗糙集算法的有效性，笔者对比分析了遗传算法—粗糙集、人工鱼群—遗传算法—粗糙集与它的属性约简效果，结果如表 6-4 所示。

表 6-4 某矿井关键安全资源约简结果对比

识别方法	最优个体	迭代次数	搜索时间（s）	适应度
遗传算法—粗糙集（GA-RS）	100000100000100010010	36	20	1.02247
人工鱼群—遗传算法—粗糙集（AFSA-GA-RS）	100000100000100010010	25	14	1.58776
本书方法	100000100000100010010	18	8	2.3565

表 6-4 显示了以上三种方法的约简结果一致，本书提出的改进粗糙集方法在迭代次数、搜索时间及适应度值方面均优于其他两种方法，在提高搜索

效率的同时减少了种群迭代次数和计算时间。

（二）作用机理分析

在确定某矿井关键安全资源基础上，可根据第四章建立的关键安全资源与安全水平作用机理模型，拟合该矿井关键安全资源与安全水平的作用关系：

$$Y = F(x_1, x_7, x_{14}, x_{18}, x_{21}) = C x_1^{c_1} x_7^{c_7} x_{14}^{c_{14}} x_{18}^{c_{18}} x_{21}^{c_{21}} \tag{6-1}$$

其中，Y 为安全水平；x_1 为采煤设备；x_7 为掘进技术管理；x_{14} 为通风技术管理；x_{18} 为运输设备；x_{21} 为安全培训；c_i 为第 i 安全资源对安全水平的重要程度。

首先对式（6-1）两边取对数，转变为：

$$\ln Y = \ln C + c_1 \ln x_1 + c_7 \ln x_7 + c_{14} \ln x_{14} + c_{18} \ln x_{18} + c_{21} \ln x_{21} \tag{6-2}$$

根据 $c_1 + c_7 + c_{14} + c_{18} + c_{21} = 1$，将式（6-2）变形为：

$$\ln Y = \ln C + c_1 \ln \frac{x_1}{x_{21}} + c_7 \ln \frac{x_7}{x_{21}} + c_{14} \ln \frac{x_{14}}{x_{21}} + c_{18} \ln \frac{x_{18}}{x_{21}} + \ln x_{21} \tag{6-3}$$

通过筛选相关数据，利用 MINITAB 软件运行的拟合结果分别如表6-5、表6-6和表6-7所示。

表6-5　拟合优度检验

模型	R	R^2	调整后的 R^2	标准估计的误差
1	0.954	0.910	0.905	166.257

表6-6　回归方程的显著性检验

模型	平方和	DF	均方	F	P-Value
回归	30105.236	4	7529.309	15.17	0.005
残差	2977.441	6	496.240		
合计	33082.677	10			

表6-7　回归系数及其显著性检验

自变量	系数	系数标准误差	T	P-Value
常量	-0.322	0.04016	18.05	0.002
C1	0.272	0.04304	4.70	0.009
C7	0.211	0.03821	4.71	0.009
C14	0.132	0.03766	7.38	0.002
C18	0.243	0.02310	8.36	0.001

为保证作用机理模型的可行性与适用性，需要根据上述结果对回归方程及回归系数进行分析：

（1）拟合优度检验。表6-5显示了模型调整后的 R^2 为0.905，拟合度高于0.85，说明模型较好地解释了自变量对因变量的作用关系。

（2）回归方程显著性检验。表6-6显示了回归方程显著性检验的 P-Value 为0.005，说明自变量与因变量的线性关系显著，即方程成立。

（3）回归系数显著性检验。表6-7显示了回归系数的 P-Value 均小于0.05，说明自变量对因变量的影响作用显著。

综上所述，根据 $c_1 + c_7 + c_{14} + c_{18} + c_{21} = 1$ 可以得到安全培训的系数 c_{21} 为0.142，因此上述五种关键安全资源与安全水平的关系式为：

$$\ln Y = -0.322 + 0.272 \ln x_1 + 0.211 \ln x_7 + 0.132 \ln x_{14} + 0.243 \ln x_{18} + 0.142 \ln x_{21}$$

$$(6-4)$$

通过对式（6-4）的转换，可以得到某矿井的关键安全资源与安全水平的作用机理关系式：

$$Y = 0.725 x_1^{0.272} x_7^{0.211} x_{14}^{0.132} x_{18}^{0.243} x_{21}^{0.142} \qquad (6-5)$$

（三）原始模型构建及求解

2015年初该矿井计划投入1000万元，按照常规安全资源配置方法进行配置以保障全年矿井的安全生产。根据第五章建立的原始模型，首先确定某矿井的目标函数及约束条件，如下：

1. 目标函数

根据前述某矿井关键安全资源与安全水平的作用关系分析，式（6-5）为资源优化配置的目标函数。

2. 约束条件

通过分析某矿井安全生产现状，可以确定以下约束条件：

（1）安全资源总投入限制：

$$x_1 + x_7 + x_{14} + x_{18} + x_{21} = 1000 \tag{6-6}$$

（2）设备类投入不得低于总投入的30%，不得高于75%：

$$300 \leqslant x_1 + x_{18} \leqslant 750 \tag{6-7}$$

（3）通过分析某矿井采煤设备方面的现状，需要满足：

$$260 \leqslant x_1 \leqslant 420 \tag{6-8}$$

（4）通过分析某矿井掘进技术管理的现状，需要满足：

$$80 \leqslant x_7 \leqslant 120 \tag{6-9}$$

（5）通过分析某矿井通风技术管理的现状，需要满足：

$$60 \leqslant x_{14} \leqslant 90 \tag{6-10}$$

（6）通过分析某矿井运输设备方面的现状，需要满足：

$$280 \leqslant x_{18} \leqslant 370 \tag{6-11}$$

（7）通过分析某矿井安全培训方面的现状，需要满足：

$$50 \leqslant x_{21} \leqslant 150 \tag{6-12}$$

3. 原始模型建立及求解

综合建立的目标函数及约束条件，可以构建某矿井煤矿生产物流系统安全资源配置的原始模型，如下：

$$\max Y = 0.725 x_1^{0.272} x_7^{0.211} x_{14}^{0.132} x_{18}^{0.243} x_{21}^{0.142}$$

$$\text{s. t.} \begin{cases} x_1 + x_7 + x_{14} + x_{18} + x_{21} = 1000 \\ 400 \leqslant x_1 + x_{18} \leqslant 750 \\ 260 \leqslant x_1 \leqslant 420 \\ 80 \leqslant x_7 \leqslant 120 \\ 60 \leqslant x_{14} \leqslant 90 \\ 280 \leqslant x_{18} \leqslant 370 \\ 50 \leqslant x_{21} \leqslant 150 \end{cases} \tag{6-13}$$

式（6-13）为多元非线性规划问题，其问题可以描述为：寻找一组安全资源配置方案（x_1，x_7，x_{14}，x_{18}，x_{21}）*，使得安全水平 Y 达到最大值，从而实现某矿井生产物流系统安全资源的优化配置。本书运用 Matlab 软件和遗传算法对模型进行求解，结果如表6-8所示，系统的安全水平值为83.2。

表6-8　某矿井资源最优化配置方案

决策变量	资金配置（万元）
采煤设备	367.6
掘进技术管理	102.5
通风技术管理	81.0
运输设备	342.8
安全培训	106.1

（四）逆优化模型构建及求解

根据关键安全资源配置方案，某矿井更新和维修了一批采煤设备、运输设备，加强了掘进和通风方面的技术管理，并制订了针对性更强的安全培训计划。经过一段时间的运行，某矿井运转良好。

然而，随着安全水平要求的日益提高，该矿井拟将安全水平提升至90，力争实现"全年无煤矿事故发生、隐患排查频率正常、隐患排查结果优"的目标。

基于此，本书在第五章安全资源逆优化配置路径基础上，选取优化关键安全资源重要度 c 对某矿井进行安全资源逆优化配置，以期实现不增加安全投入即可实现安全水平提升的目标。

首先，在分析该矿井安全资源配置现状基础上，聘请相关管理人员及煤矿专家确定了关键安全资源对安全水平的重要度 c 变化范围：

（1）采煤设备对安全水平的重要度变化范围：$0.2 \leqslant c_1 \leqslant 0.3$；

（2）掘进技术管理对安全水平的重要度变化范围：$0.15 \leqslant c_7 \leqslant 0.25$；

（3）通风技术管理对安全水平的重要度变化范围：$0.1 \leqslant c_{14} \leqslant 0.2$；

（4）运输设备对安全水平的重要度变化范围：$0.17 \leqslant c_{18} \leqslant 0.3$；

（5）安全培训对安全水平的重要度变化范围：$0.1 \leqslant c_{21} \leqslant 0.2$。

基于此，该矿井的安全资源逆优化配置模型可以表示为：

$$\min Z = \left(0.725 x_1^{c_1} x_7^{c_7} x_{14}^{c_{14}} x_{18}^{c_{18}} x_{21}^{c_{21}} - 90 \right)^2$$

$$c_1 + c_7 + c_{14} + c_{18} + c_{21} = 1$$

$$0.2 \leqslant c_1 \leqslant 0.3$$

$$0.15 \leqslant c_7 \leqslant 0.25$$

$$0.1 \leqslant c_{14} \leqslant 0.2$$

$$0.17 \leqslant c_{18} \leqslant 0.3$$

$$0.1 \leqslant c_{21} \leqslant 0.2 \tag{6-14}$$

由第五章逆优化模型建立及求解可知，逆优化问题的求解依赖于原始优化模型，而原始模型的解又取决于逆优化模型。因此，逆优化模型的求解过程实质是双层规划的求解，即：

$$UP: \min Z = \left(0.725 x_1^{c_1} x_7^{c_7} x_{14}^{c_{14}} x_{18}^{c_{18}} x_{21}^{c_{21}} - 90 \right)^2$$

$$c_1 + c_7 + c_{14} + c_{18} + c_{21} = 1$$

$$0.2 \leqslant c_1 \leqslant 0.3$$

$$0.15 \leqslant c_7 \leqslant 0.25$$

$$0.1 \leqslant c_{14} \leqslant 0.2$$

$$0.17 \leqslant c_{18} \leqslant 0.3$$

$$0.1 \leqslant c_{21} \leqslant 0.2$$

LP: $\max Y = 0.725 x_1^{0.272} x_7^{0.211} x_{14}^{0.132} x_{18}^{0.243} x_{21}^{0.142}$

$$x_1 + x_7 + x_{14} + x_{18} + x_{21} = 1000$$

$$400 \leqslant x_1 + x_{18} \leqslant 750$$

$$260 \leqslant x_1 \leqslant 420$$

$$80 \leqslant x_7 \leqslant 120$$

$$60 \leqslant x_{14} \leqslant 90$$

$$280 \leqslant x_{18} \leqslant 370$$

$$50 \leqslant x_{21} \leqslant 150 \qquad (6\text{-}15)$$

由式（6-15）可以看出，下层问题为某矿井安全资源配置原始模型，可寻找一组最优解 $(x_1, x_7, x_{14}, x_{18}, x_{21})^*$ 使得原目标函数取得最大值，即确定关键安全资源的最佳配置方案，使得该矿井安全水平最高；上层问题为某矿井安全资源逆优化配置问题，即在原始模型基础上将各安全资源的权重系数作为变量，可求取一组 $(c_1, c_7, c_{14}, c_{18}, c_{21})^*$ 使得安全水平值趋近于 90。

为方便求解，根据函数的增减性可以对下层以及上层目标函数进行变形：

UP: $\min (\ln 0.725 + c_1 \ln x_1 + c_7 \ln x_7 + c_{14} \ln x_{14} + c_{18} \ln x_{18} + c_{21} \ln x_{21} - \ln 90)^2$

$$c_1 + c_7 + c_{14} + c_{18} + c_{21} = 1$$

$$0.2 \leqslant c_1 \leqslant 0.3$$

$$0.15 \leqslant c_7 \leqslant 0.25$$

$$0.1 \leqslant c_{14} \leqslant 0.2$$

$$0.17 \leqslant c_{18} \leqslant 0.3$$

$$0.1 \leqslant c_{21} \leqslant 0.2 \qquad (6\text{-}16)$$

LP：max $\ln 0.725 + 0.272\ln x_1 + 0.211\ln x_7 + 0.132\ln x_{14} + 0.243\ln x_{18} + 0.142\ln x_{21}$

$$x_1 + x_7 + x_{14} + x_{18} + x_{21} = 1000$$
$$400 \leqslant x_1 + x_{18} \leqslant 750$$
$$260 \leqslant x_1 \leqslant 420$$
$$80 \leqslant x_7 \leqslant 120$$
$$60 \leqslant x_{14} \leqslant 90$$
$$280 \leqslant x_{18} \leqslant 370$$
$$50 \leqslant x_{21} \leqslant 150$$

针对上述模型，利用 KKT 条件可以将原始优化模型转化为逆优化模型的约束条件，在此基础上将双层规划问题转化为单层规划问题，进而利用 MAT-LAB 软件及遗传算法进行逆优化模型的求解，结果如表6-9所示。

表6-9　某矿井逆优化结果前后对比

关键安全资源	配置量（万元）	重要度	
		优化前	优化后
采煤设备	367.6	0.272	0.251
掘进技术管理	102.5	0.211	0.193
通风技术管理	81.0	0.132	0.158
运输设备	342.8	0.243	0.227
安全培训	106.1	0.142	0.171
某矿井安全水平		83.200	89.860

从表6-9可知，将采煤设备、掘进技术管理、通风技术管理、运输设备、安全培训对安全水平的重要度由 0.272、0.211、0.132、0.243、0.142 调整为 0.251、0.193、0.158、0.227、0.171，安全水平可提升至 89.860。结果表明：采用逆优化模型进行安全资源优化配置，可以实现资源配置的培优，达到不增加安全资源投入即可提升安全水平的目的。

三、逆优化结果分析

通过对比分析逆优化前后结果，采煤设备、掘进技术管理和运输设备的重要度分别由 0.272、0.211、0.243 降低为 0.251、0.193、0.227，通风技术管理和安全培训则分别由 0.132、0.142 提升为 0.158、0.171。可见，某矿井需要提升通风技术管理和安全培训对安全水平的重要度，以达到对安全水平的新要求。基于此，本书从通风技术管理和安全培训两方面提出了某矿井应采取的逆优化配置煤矿生产物流系统安全资源的措施。

（一）通风技术管理方面

逆优化结果显示，通风技术管理对系统安全水平的重要度需要由原 0.132 提升为 0.158。依据某矿井 2005~2015 年安全资源统计数据来看，该矿井对通风技术管理的投入逐年提升，说明矿井管理人员非常重视通风系统的正常运行工作。

通过对矿井通风系统及技术管理现状进一步调研了解到，该矿井采用了中央并列式通风系统，按照《煤矿安全规程》配备齐全的专用通风设施并更新了部分通风设备，包括风门、风墙、风窗、测风站等。但是，深入分析该矿井的通风技术管理后发现，虽然对通风技术管理投入了大量的安全资源，但矿井缺乏完善的通风技术管理标准，安全资源未充分发挥效用。例如，管理人员可以根据以往配置的通风量确定当前的通风配置量；风机值班人员的学历较低，相关操作技术时有因操作失误引起风机停转现象发生；虽制定了通风设施的日常保养制度，但执行过程混乱且浮于形式等。

鉴于该矿井通风技术管理现状，结合逆优化结果，本书认为某矿井应从以下四方面加强管理，以提升其对系统安全水平的重要度：

（1）制定一套科学的井下风量配置决策标准，改变以往凭主观判断及经验制定通风量的做法。通风人员应根据矿井采掘工作及环境的变化，通过测定矿井通风阻力和测调风量，实时观察井下风量供需变化情况制订井下风量调整计划。

（2）安排专人负责检查维修通风设施，以保证其完整性和安全性，同时制定通风设施维修和保养制度，同时应将其作为业绩考核的内容，改变以往执行过程无序、浮于形式等现象。

（3）针对矿井的反风试验、调整风机叶片角度、改变风机转数等通风工作时，必须严格按照煤矿安全要求制定专项技术措施。

（4）加强风机值班人员的技术培训以提升综合素养，避免或减少由操作失误、操作不当等引发的通风事故。同时，制定更加完善的技术操作手册以加强和规范操作人员行为。

（二）安全培训方面

逆优化结果显示，安全培训对系统安全水平的重要度需要由原来的0.142提升为0.171。调研发现，某矿井遵循《煤矿安全规程》对管理人员、作业人员及转岗人员等进行安全培训，且投入逐年增大，从2005年的18万增至2015年的70万，以期加强管理人员和作业人员的安全理念、安全知识，提高员工的安全综合素养，进而保证煤矿安全高效生产。

但通过调查矿井人员关于安全培训问题了解到，该矿井安全培训实施状况及效果不明显，无论是管理人员还是作业人员都把参加安全培训作为任务来完成，从而使得安全培训流于形式。另外，在开展安全培训时未考虑参加培训人员的专业、年龄和文化程度等因素，培训方式单一，存在培训内容与煤矿实际需求脱节现象，同时缺乏安全培训监督和效果评估机制。

针对该矿井的安全培训现状，结合逆优化结果，本书认为应从以下四方面提高安全培训效果，进而提升其对系统安全水平的重要度：

（1）完善安全培训制度。建立培训标准，制定相关配套措施，形成包括计划、组织、管理、实施和控制等环节的培训制度。

（2）建立区分不同层级的、有差别的安全培训机制。煤矿生产工艺复杂，工种类型多且专业性较强，需要根据矿井班组、区队等层次有针对性地进行人员培训，从而提高不同层次作业人员的实际操作技能和整体素养。

（3）开展形式多样的安全培训。该矿井以往主要从安全理论、安全技能等方面确定安全培训的内容和形式，因而存在流于形式等现象，需要与培训部门协调沟通，分析现实需求，改变以往单一灌输安全知识的培训方式，有目的地开展灾害预防培训、事故案例教学培训、井下作业现场培训。

（4）加强安全培训督察力度，建立培训效果评估机制。通过对作业人员的培训进行监督，可以及时发现现实中存在的问题。另外，还可以考试、总结、汇报等形式定期对人员培训效果进行评估，提高人员的安全意识和技能，进而提升系统的安全水平。

第二节　煤矿生产物流系统安全资源逆优化配置对策

煤矿生产物流系统安全资源配置是对采煤、掘进、机电、通风、排水、运输等子系统安全资源的投入和使用进行优化的复杂系统，已逐步形成"国家监察、地方监管、企业负责、社会参与、法律保障、科技支撑、专家咨询"的机制体制。然而，长期安全资源投入与安全水平间的失衡以及传统安全资源配置理念与方法的落后，阻碍了系统安全长效机制的高效实施。

为此，结合本书研究内容，从宏观层面和微观层面提出了加强安全资源逆优化配置的对策，为逆优化理念的推广与应用指明了方向（汤凌霄和郭熙保，2006；苏同营，2012）。

一、宏观层面的对策

（一）健全和完善煤矿安全资源逆优化配置机制

研究结果表明，逆优化方法可以在不增加安全资源投入的前提下，通过优化系统相关参数使得当前安全资源配置方案成为最优方案，从而提升系统的安全水平。政府部门作为煤矿安全生产的监督主体，不仅需要进一步完善煤矿监管涉及的安全生产法律、法规、规章、制度、政策和措施，还需要充分发挥引导作用，督促煤炭生产企业加强安全资源配置管理尤其是逆优化配置安全资源管理，形成政府引导、企业主导的安全资源逆优化配置机制。

（二）提升煤矿运用逆优化理论及技术的能力

改变传统的经验管理方法及常规资源配置途径，加强逆优化理论及工具的应用，可以显著提升煤矿的安全资源配置效率。因此，针对我国煤矿事故多发的特点，各级政府应重视引入并应用资源逆优化配置理论与方法，加强对煤矿安全资源逆优化配置的基础和应用开发研究，利用大数据技术不断拓宽煤矿的数字化矿山管理体系逆优化技术支撑平台。同时，应充分利用科研机构和高校的研发能力，建立完善的专家咨询及中介服务体系，有效地将逆优化科研成果服务于煤炭生产企业的实际需要。

（三）建立资源投入逆优化配置激励机制

政府应进一步强化对煤炭生产企业的监管，除了从煤矿事故发生等级及发生次数、隐患排查频率、隐患排查结果等方面对企业安全资源配置情况进行重点监察、定期和专项检查外，还应建立相应的逆优化配置激励机制，引导并督促煤炭生产企业利用逆优化理论、方法及工具优化资源投入以有效提升安全水平，并对推广资源逆优化配置的煤炭生产企业实行政策和资金等奖补支持。

（四）加大地方政府对煤矿安全资源违规配置的处罚力度

地方政府作为煤炭生产企业的主要监管部门，对煤炭生产企业违法违规的处罚力度越大，企业在满足安全资源投入规定的前提下寻求提升安全水平实现路径的积极性就会越高，而加强安全资源配置管理成为企业既保障安全生产又实现经济效益最大化的最优路径。因此，应在加强地方政府对煤矿实施严格的安全监管制度前提下，严格执行安全费用提取制度，督促煤炭生产企业重视并加大安全资源配置管理。另外，地方政府监管成本对煤矿安全投入也会产生较大影响，需制定科学合理的监管体系降低监管成本，进而提升企业优化安全资源配置的主动性和积极性。

（五）鼓励煤矿企业积极履行 ESG 责任

随着全球气候变暖，越来越多的煤矿企业为了寻求可持续发展，开始在环境、社会、治理框架下制定开采战略，这意味着对煤矿生产物流系统安全资源的配置也需要置于 ESG 框架中。在环境方面，积极利用可再生能源和碳排放低的采煤、掘进、通风、运输、机电等设备，严格按照环保标准对产生的废料、污水、垃圾进行无害化处理，建立有效的废弃物回收机制，对煤炭生产、运输等过程中产生的设备、物料、支架等各类资源进行回收再利用，有效地降低煤矿生产物流系统投入成本。在社会责任方面，煤矿生产物流系统进行安全资源配置时需要将安全生产与员工权益保障放在首要位置，及时向政府、社会、社区回应煤矿生产活动的各项活动，提高社会认可度。在企业治理方面，煤矿生产物流系统安全资源配置时要严格按照国家标准提取安全投入，建立科学、有效、透明的资源投入与分配机制。

此外，配置煤矿生产物流系统安全资源时，应增加对开采技术和采煤设备的研发投入。煤矿企业需要积极研发并推广应用绿色生产技术，如为了减少煤矸石的污染，可以采用矸石换煤和矸石充填绿色生产技术。由于各地区的煤矿生产物流系统地质状况、水文条件、煤炭储量等千差万别，各煤矿企业可以根据自身状况，加强设备研发投入，积极与科研院所开展合作，共同研发与之匹配的采煤、掘进、运输、通风等设备，从而提升煤矿开采效率，达到节能增效的目标。

（六）推动数字技术在安全资源高效配置的应用

煤炭生产企业已经逐渐意识到数字化转型对提高资源效能、加强煤炭开采安全的重要性，也积极推动了数字技术在煤矿生产物流系统的应用。然而，作业环境监测、信息收集、设备升级等方面的数字化缺口依旧较大，因此煤矿生产物流系统各环节仍需大力推动数字技术的应用。

在煤矿生产物流系统数据捕获与分析方面，煤矿生产物流采煤、掘进、机电、通风、排水、运输等子系统均会产生大量数据，利用物联网（IoT）技术实时捕获煤矿生产物流系统数据，形成煤矿生产物流系统大数据库，从而实现综合规划、控制和决策支持。利用先进的数据整合技术，建立煤矿生产物流系统安全模型，可以提高预测各类事件发生的概率。借助机器学习算法，可以从加工设备和机械传感器捕获的实时数据分析中，确定影响煤矿生产物流系统安全的关键控制指标。

在煤矿生产物流系统设备监测与报警方面，由前述分析可知，煤矿生产物流系统包括采煤、掘进、机电、通风、排水、运输等设备，将数字化技术应用于电脑端监控并开发相应的 APP，可以实现对这些关键设备设施运行参数的动态监测，管理人员能够随时随地地观察设备参数动态变化，由此实现实时监控和趋势分析。这样既节省安全管理人员的时间和精力，也可以覆盖煤矿生产物流系统内的所有环节，及时发现潜在的安全隐患。

二、微观层面的对策

（一）强化安全资源逆优化配置理念

实践表明，煤矿安全资源投入越多并不一定能够持续提升安全水平。加之安全资源配置的特征，通过优化系统关键参数，可以提高资源利用率，提升安全资源配置效率，实现不改变当前安全资源配置方案仍可以提高安全水平的目标。因此，煤炭生产企业应了解安全资源配置与安全水平资源效率间的内在关联性，树立正确的安全资源配置理念。

（二）正确认识安全资源与安全水平的关系

煤矿生产物流系统安全水平的提高是一个择优与培优交叉进行的动态优化过程，即不仅需要重视硬件（如人员、机械装备、辅助材料、基础设施等）与软件（如安全培训、安全管理、安全文化建设等）等安全资源的投入，还需要根据系统运行实时状况优化各类参数以调整系统的总体布局。因此，对煤炭生产企业而言，必须扭转以往"安全资源投入越多，安全水平越高"或"系统安全水平达不到要求时，就增加安全资源投入"的做法，正确认识安全资源与安全水平的关系，运用逆优化理论及方法明确界定煤矿生产物流系统参数的调整范围，从科学合理优化关键参数的角度实施资源逆优化配置，以缓解安全投入增加与安全水平提升水平有限的矛盾。

（三）建立安全资源逆优化配置的内部控制制度

煤炭生产企业需要考虑诸多问题，如是否投入安全资源？安全资源投入的方向及其配置？是否优化系统运行参数？优化哪些关键参数？这些问题均需运用安全资源逆优化配置理论通过内部控制加以解决，一方面减少在安全资源投入及配置上的决策失误；另一方面有助于提高安全资源投入效率、降低安全资源投入成本。从一定意义上讲，科学合理的决策、严格有效的管理也是一种增量投入。建立安全资源逆优化配置内部控制制度，可以使煤炭生产企业高效有序地开展煤矿生产物流系统资源逆优化配置。

（四）开发安全资源逆优化配置决策系统

加大科研投入，开发安全资源配置决策系统，实现信息采集、存储、传输、加工和输出等功能，可以共享网络中的硬件、软件、数据等资源以加速信息周转，为煤矿生产物流系统安全资源配置科学决策及时提供准确、可靠的信息。目前，我国企业安全资源配置普遍存在的问题包括信息缺乏、信息更新不及时、信息传递渠道不通畅等。因此，应运用现代化管理手段建立安全资源逆优化配置决策系统，将计算机、通信、显示、监测等现代工具综合应用于资源配置的各阶段，以实现安全资源配置的择优和逆优化培优。

（五）开展逆优化配置安全资源系列相关知识培训

首先，应加强逆优化配置安全资源相关理论学习，改变传统依靠不断加大安全投入提升安全水平的理念；其次，应从逆优化配置资源内容入手，对管理者进行方法和工具等培训以改变经验管理的做法；最后，应从资源配置途径入手，加强决策者对逆优化配置安全资源的理解和认识，改变常规资源配置方法的择优路径，以实现煤矿生产物流系统的高效安全运转。

（六）积极引入数字化智能化设备

煤矿生产物流系统安全高效运转需要依靠数字化、智能化设备。对于煤矿生产物流采煤子系统，依托智能化采煤设备与开采技术，通过实时收集与监控瓦斯浓度、煤尘浓度、顶板支护等重大危险源参数，避免瓦斯爆炸、煤尘爆炸、冒顶事故等。对于煤矿生产物流掘进子系统，引入煤矿快速掘进成套装备实现智能化掘进，同时对打眼、钻井、装药爆破、通风、装岩运岩、支护等工序进行实时监控，避免瓦斯爆炸、粉尘职业病等。对于煤矿生产物流机电子系统，建立井下智能供电监控系统，实时收集电气设备、井下电缆、照明设备等数据并进行监控，及时对存在安全隐患的机电设备进行维护或更换，避免设备损坏、设备事故、触电及人员伤亡。对于煤矿生产物流通风子系统，通过数字化监控诸如通风机工作方式、通风方式、通风网络、通风监控及调控设施的重大参数，有利于减少瓦斯积聚、通风短路、人员窒息等事故。对于煤矿生产物流排水子系统，利用数字化技术实现地下水位检测、采空区积水监控，避免井下水灾。对于煤矿生产物流运输子系统，数字化技术应用于提升和运输设备的监控，有利于提高运行的准确性和安全可靠性。

此外，为提升安全监管效率，利用数字化技术对上述设备设施的关键参数进行预警等级设置，确保不同等级的预警都有管理人员负责，并及时处理潜在危险。通过设备的数字化，不仅保障了煤矿生产物流系统安全管理更高效与全面，还提升了安全管理人员工作效率。

（七）推动作业人员可穿戴设备的应用

安全是煤矿生产物流系统的基石，保护作业人员的生命健康安全是重中之重。随着信息化、智能化的发展，可穿戴设备不仅应用于医疗领域，也逐步应用于采矿领域。将作业人员的工作服和安全防护设备均装置传感器，由此管理人员可以获得作业人员操作规范、身体状况及周边环境等相关传感器数据。这些数据能够使煤矿管理人员更加准确地了解煤矿生产物流系统的现场情况。比如，在通风、采掘、运输等设备上设置相应感应器、摄像装置、定位识别装置等智能识别系统，能够实现作业人员不规范操作的智能化识别，并直接发出警报提醒现场作业人员和警示监控管理员，进而避免此类事故发生。此外，根据传感器数据还可以跟踪作业人员的工作时间，了解他们加班、轮班的概况，利用数据分析技术挖掘工作时间与事故发生的内在关系，进而提示管理人员制定适当安全保护措施。

第三节　本章小结

本章研究了煤矿生产物流系统安全资源逆优化配置应用及对策。选取某矿业集团某矿井作为应用对象，通过调研并收集相关数据，筛选了煤矿生产物流系统的关键安全资源，分析了其与安全水平的作用机理，在此基础上设计了该矿井的安全资源逆优化配置路径，以验证前述逆优化理论及模型的科学合理性。结果显示，该系统的通风技术管理和安全培训等安全资源需要逆优化配置。本章从宏观和微观两个层面提出了加强安全资源配置的逆优化对策，为安全资源逆优化配置理论及方法的推广与应用指明了方向。

第七章 结论与展望

第一节 研究结论

常规的安全资源配置解决了在可行域内寻找最优配置方案问题，即通过优化煤矿生产物流系统投入的安全资源，对采煤、掘进、机电、通风、排水、运输等子系统中各项安全资源的配置进行优化，体现了安全资源配置的择优。

而安全资源逆优化配置问题解决的是如何使给定的安全资源配置方案成为最优方案的问题，即在不增加安全资源投入前提下，通过优化煤矿生产物流系统相关参数（如资源消耗系数、资源重要程度等），使各子系统当前的安全资源配置方案变为最优方案，体现了安全资源配置的培优过程。

基于此，本书综合运用系统管理理论、优化技术探讨了煤矿生产物流系统安全资源配置问题，开展了煤矿生产物流系统关键安全资源筛选、关键安全资源与安全水平作用机理分析、安全资源逆优化配置模型构建、安全资源逆优化配置应用及相关对策等方面的研究，解决了煤矿生产物流系统安全资源逆优化配置的3个子问题，得出以下结论：

（1）影响煤矿生产物流系统安全的因素众多，为保证系统的安全高效运转，采煤、掘进、机电、通风、排水、运输等子系统均需大量的安全资源投入，而且随着开采环境与方式的变化，各种安全资源均对系统的运转产生不同程度的影响。因此，本书在分析煤矿生产物流子系统的安全影响因素基础上建立了安全资源指标体系，并提出了基于 Levy 飞行—人工鱼群算法（LF-AFSA）与遗传算法（GA）的改进粗糙集方法以确定影响煤矿生产物流系统的关键安全资源，为后续分析关键安全资源与安全水平的作用机理奠定了基础。

（2）鉴于安全资源投入的有限性，在煤矿生产物流子系统之间及内部均存在安全资源投入竞争。因此，本书采用 C-D 生产函数揭示了关键安全资源间的"竞争关系"并拟合煤矿生产物流系统关键安全资源与安全水平间的作用关系，为后续建立安全资源逆优化配置模型构建了目标函数。

（3）煤炭生产企业不可能无限增加安全资源投入，加之煤矿生产物流系统安全资源配置的特征，随着外界环境发生变动，系统对安全的要求也会随之改变，导致当前资源配置达到的安全水平不能满足系统的安全现状需求。因此，本书采用了逆优化方法实现煤矿生产物流系统安全资源配置培优，即通过调整安全资源对安全水平的重要度，实现不增加安全资源投入即可提升安全水平。其中，本书建立了安全资源配置原始模型，在此基础上描述并界定了安全资源逆优化配置问题，并采用逆优化方法将其转化为安全资源逆优化配置模型，继而采用双层规划及遗传算法进行了模型求解。

（4）为验证模型的有效性及实用性，本书以某矿业集团某矿井作为研究对象，开展了安全资源逆优化配置应用研究，并分别从宏观层面和微观层面提出了安全资源逆优化配置对策。

综上所述，本书立足于煤矿生产物流系统安全资源配置这一亟待解决的现实问题，采用改进粗糙集、C-D 生产函数、逆优化、双层规划、遗传算法等方法，构建并求解了安全资源逆优化配置模型，实现了安全资源配置的培优，使得当系统安全需求随外界环境发生变化时，不增加安全投入即可实现安全水平的提升。

第二节 研究展望

虽然上述理论及应用结果验证了本书提出的煤矿生产物流系统安全资源逆优化配置方法的合理性，但仍有以下问题有待于进一步研究：

（1）本书构建的逆优化模型主要从短期优化视角调整了安全资源对安全水平的重要度，后续研究尚需从长期优化角度调整安全资源消耗系数及储备量，进一步研究煤矿生产物流系统安全资源配置的逆优化决策问题。

（2）现实中煤炭生产企业主要通过维持合理的资源冗余来消除系统的不安全因素以提升安全水平。因此，后续对煤矿生产物流系统安全资源逆优化配置的研究尚需重点考虑资源冗余水平约束等系列相关问题。

（3）推动生产方式绿色转型是煤矿企业可持续发展的必经之路。为实现煤矿生产物流系统安全高效运转，优化开采效率、减少资源浪费、加大数字技术的推广应用等也是今后值得研究的内容。此外，通过对煤矿生产物流系统各类大数据的监控与收集，如何开发安全资源配置智能决策系统也有待深入研究。

参考文献

一、中文期刊文章

［1］王金凤．煤矿生产物流系统研究［D］．天津大学博士学位论文，2005.

［2］程健维．矿井通风系统安全可靠性与预警机制及其动力学研究［D］．中国矿业大学博士学位论文，2012.

［3］马永杰，云文霞．遗传算法研究进展［J］．计算机应用研究，2012，29（4）：1201-1206+1210.

［4］陈涛，黄钧，朱建明．基于信息更新的两阶段鲁棒——随机优化调配模型研究［J］．中国管理科学，2015，23（10）：67-77.

［5］董思维，梁美健，闫蔚．基于安全投入水平的煤矿安全预警指标及模型构建［J］．煤炭技术，2015，34（8）：324-325.

［6］陈晓红，杨志慧．基于改进模糊综合评价法的信用评估体系研究——以我国中小上市公司为样本的实证研究［J］．中国管理科学，2015，23（1）：146-153.

［7］陈翔，陈娜，蔡炜凌，蔡炜华，陈正拜．基于行为经济学的煤矿安全投入决策研究［J］．中国煤炭，2014，40（12）：24-26+67.

［8］程聪，张立卫．二次规划逆问题的牛顿方法［J］．运筹学学报，2014，18（3）：60-70.

［9］陈光敏．高瓦斯煤矿采掘工程中通风技术与安全管理［J］．内蒙古煤炭经济，2014（6）：96+99.

［10］陈兆波，刘媛媛，曾建潮，李亨英，李忠卫．煤矿安全事故人因分析的一致性研究［J］．中国安全科学学报，2014，24（2）：145-150.

［11］冯凯梁．煤矿企业安全文化与安全投入之间的关系［J］．煤矿安全，2013，44（10）：212-214+221.

［12］暴丽玲，王汉斌．多点救援资源配置优化模型的建立及应用［J］．中国安全科学学报，2013，23（3）：172-176.

［13］陈娟，赵耀江．近十年来我国煤矿事故统计分析及启示［J］．煤炭工程，2012（3）：137-139.

［14］鲍新中，张建斌，刘澄．基于粗糙集条件信息熵的权重确定方法［J］．中国管理科学，2009，17（3）：131-135.

［15］方磊．基于偏好DEA模型的应急资源优化配置［J］．系统工程理论与实践，2008（5）：98-104.

［16］安向东，李春广．机电现代化与煤矿安全生产［J］．中国安全科学学报，2007（4）：80-83+180.

［17］陈高波，刘海燕，商胜武．一类双线性规划的线性逼近算法［J］．西南交通大学学报，2002（5）：561-564.

［18］高建远，刘伟．基于最优安全水平的煤矿安全投入转移机制研究［J］．煤炭技术，2016，35（6）：318-320.

［19］葛洪磊，刘南．复杂灾害情景下应急资源配置的随机规划模型［J］．系统工程理论与实践，2014，34（12）：3034-3042.

［20］何波．煤矿通风系统安全问题及稳定性探讨［J］．煤矿安全，2012，43（5）：134-136.

［21］高蕊．煤矿安全投入优化数学模型研究及应用［J］．中国煤炭，2012，38（3）：105-108．

［22］何刚．基于系统动力学的煤矿安全管理水平仿真研究［J］．系统仿真学报，2010，22（8）：2013-2017．

［23］韩中，陈富民，高建民，高智勇．复杂流程系统安全的资源配置与优化［J］．计算机集成制造系统，2009，15（9）：1758-1764+1778．

［24］郭金玉，张忠彬，孙庆云．层次分析法的研究与应用［J］．中国安全科学学报，2008（5）：148-153．

［25］何敬德，华元钦．国内外煤矿采掘运装备技术现状、发展对策和思考［J］．煤矿机电，2003（5）：4-10．

［26］黄骞．安全投入对煤矿企业经济效益的门槛效应研究［J］．矿业安全与环保，2021，48（3）：120-125．

［27］贾宝山，尹彬，王翰钊，李守国，耿晓伟．煤矿安全状态的突变理论评价模型及其应用［J］．中国安全科学学报，2015，25（6）：98-104．

［28］江福才，彭奇，马全党，刘钊．基于 CV-DEA 模型的水上应急资源配置效率评价［J］．安全与环境学报，2022，22（1）：323-330．

［29］姜福川，周师，吴增彤，钟基超，张书豪，张雪芳．基于熵权-TOPSIS 法的煤矿安全投入决策分析［J］．中国安全科学学报，2021，31（7）：24-29．

［30］柯丽华，孟欢欢，胡南燕，王其虎，陈魁香．基于动态灰积加权关联算法的矿山安全投入决策模型及应用［J］．矿业安全与环保，2022：1-6．

［31］李博杨，李贤功，吴利高，王克．基于熵权法和集对分析的煤矿安全事故人因失误分析［J］．矿业安全与环保，2017，44（1）：111-114．

［32］李波，巨广刚，王珂，张路路，孙东辉．2005—2014 年我国煤矿灾害事故特征及规律研究［J］．矿业安全与环保，2016，43（3）：111-114．

［33］林登科，沈斐敏，廖素娟．基于可拓理论与区间赋权的煤矿水害安全评价［J］．安全与环境工程，2015，22（2）：124-128.

［34］兰建义，乔美英，周英．基于灰色系统理论的煤矿人因事故关键因素分析［J］．中国安全生产科学技术，2015，11（2）：178-185.

［35］李廷丰，龚国强，罗汝平，蒲世明．基于局部变权理论的煤矿安全综合评价研究［J］．矿业安全与环保，2015，42（1）：44-47.

［36］李广龙，周科平，侯造水．基于 DEA 和 Malmquist 指数的煤矿安全投入效率评价［J］．中国安全生产科学技术，2014，10（11）：162-167.

［37］李丹，刘晓．需求不确定下的应急资源公平配置策略［J］．工业工程与管理，2013，18（6）：54-60+90.

［38］李光辉，叶绪国．基于 Legendre 多项式的分段拟合［J］．统计与决策，2013（18）：28-31.

［39］李昌兵，杜茂康，付德强．求解双层规划问题的层次混沌量子遗传算法［J］．系统工程学报，2013，28（2）：159-166.

［40］林海明．因子分析应用中一些常见问题的解析［J］．统计与决策，2012（15）：65-69.

［41］梁美健，吴慧香．煤矿安全投资效率评价的 DEA 模型及其应用［J］．中国安全科学学报，2012，22（3）：16-23.

［42］李亚哲．煤矿井下主排水系统工艺流程及其自动控制系统设计［J］．工矿自动化，2011，37（5）：15-18.

［43］李昌兵，袁浩，杜茂康．基于层次遗传算法的非线性双层规划问题求解策略［J］．系统工程，2011，29（4）：109-113.

［44］李相勇，田澎．双层规划问题的粒子群算法研究［J］．管理科学学报，2008，11（5）：41-52+109.

［45］刘近远，李垚，闫凯．城市公共设施事故应急资源配置优化模型［J］．运筹与管理，2015，24（4）：68-75.

[46] 林萍，张相斌．基于逆优化方法的供应链网络结构优化配置［J］．统计与决策，2015（4）：50-53．

[47] 刘东．煤矿安全影响因素的系统动力学研究［J］．煤矿安全，2014，45（2）：212-214+217．

[48] 刘波，李波，李砚．不确定条件下应急资源布局的鲁棒双层优化模型［J］．计算机工程与应用，2013，49（16）：13-17．

[49] 刘德地，王高旭，陈晓宏，刘丙军，王兆礼．基于混沌和声搜索算法的水资源优化配置［J］．系统工程理论与实践，2011，31（7）：1378-1386．

[50] 刘广平，戚安邦．煤矿安全水平边际效应影响因素及提升方法研究——基于安全投入和管理投入的视角［J］．软科学，2011，25（3）：47-50．

[51] 刘全龙，李新春，罗茜茜，吕帆．安全与效率视角下的煤炭生产物流系统资源配置影响因素测度研究［J］．科技管理研究，2018，38（16）：225-233．

[52] 刘涛．关于矿井辅助运输方式的选择［J］．煤炭工程，2003（12）：7-10．

[53] 卢国志，李希勇，宁方淼．煤矿安全指标评价体系研究及应用［J］．安全与环境学报，2003（3）：29-31．

[54] 鲁渤，王辉坡，汪寿阳．需求约束下集装箱码头装卸设施配置逆优化模型［J］．系统工程学报，2018，33（6）：845-853．

[55] 曲冲冲，田歆，刘淑芹，周永圣．考虑灾民恐慌心理影响的应急资源配置优化研究［J］．系统工程学报，2021，36（6）：721-730．

[56] 曲冲冲，王晶，何明珂．京津冀协同应对自然灾害应急资源配置优化研究［J］．运筹与管理，2021，30（1）：36-42．

[57] 罗景峰，许开立．基于模糊熵的加权可变模糊评价方法及其应用

［J］．数学的实践与认识，2015，45（7）：163-168．

［58］慕静，贾文欣．食品供应链安全等级可拓评价模型及应用［J］．科技管理研究，2015，35（1）：207-211．

［59］马书刚，杨建华，郭继东．面向多样化需求的 MRO 服务资源配置模型与算法［J］．管理科学，2014，27（4）：133-144．

［60］吕伏，梁冰，孙维吉，王岩．基于主成分回归分析法的回采工作面瓦斯涌出量预测［J］．煤炭学报，2012，37（1）：113-116．

［61］彭勇，唐国磊，薛志春．基于改进人工鱼群算法的梯级水库群优化调度［J］．系统工程理论与实践，2011，31（6）：1118-1125．

［62］牛国亮．地方煤矿机电安全管理现状与对策［J］．煤矿安全，2011，42（4）：190-192．

［63］罗彬，邵培基，罗尽尧，刘独玉，夏国恩．基于粗糙集理论—神经网络—蜂群算法集成的客户流失研究［J］．管理学报，2011，8（2）：265-272．

［64］倪兴华．安全高效矿井辅助运输关键技术研究与应用［J］．煤炭学报，2010，35（11）：1909-1915．

［65］马有才，杨洋，康俊英，张晓明．基于有效投入的煤矿安全生产管理研究［J］．煤矿安全，2010，41（9）：148-151．

［66］任海芝，陈玉琴，程恋军．煤炭企业安全投入规模与投入结构优化研究［J］．中国安全科学学报，2014，24（8）：3-8．

［67］任爱红，王宇平．求解半向量双层规划问题的精确罚函数法［J］．系统工程理论与实践，2014，34（4）：910-916．

［68］施式亮，李润求，念其锋．煤矿安全状况关键指标变化特征的 R/S 分析［J］．中国安全科学学报，2012，22（9）：79-84．

［69］戎哲，莫技，杜计平，张宏斌．特深矿井辅助运输系统优化应用研究［J］．煤炭工程，2012（1）：52-53+55．

［70］史恭龙，魏绮雯，李红霞，田水承，王倩．采掘业上市企业安全投入对企业价值的影响——基于内部控制的调节作用［J］．安全与环境学报，2023：1-8.

［71］史恭龙，张尧轶，李红霞，田水承，王倩．安全投入、技术创新对采掘业经济效益的影响：门槛效应模型［J］．中国安全科学学报，2022，32（8）：9-15.

［72］陈友玲，段克华，刘舰，王龙．云制造环境下基于双层规划的资源优化配置模型［J］．计算机应用研究，2019，36（12）：3713-3717+3724.

［73］苏同营．我国安全培训安全投入分析与对策研究［J］．煤炭技术，2012，31（2）：257-259.

［74］苏变萍，曹艳平．基于灰色系统理论的多元线性回归分析［J］．数学的实践与认识，2006（8）：219-222.

［75］宿国瑞，贾宝山，王鹏，申琢．基于多源异构数据的煤矿安全管理效果评估［J］．中国安全科学学报，2021，31（6）：64-69.

［76］孙继平，钱晓红．2004—2015年全国煤矿事故分析［J］．工矿自动化，2016，42（11）：1-5.

［77］田水承，陈盈，邹元，李广利．煤矿安全标志有效性影响因素分析［J］．中国安全科学学报，2016，26（2）：146-151.

［78］佟瑞鹏，王海欣，王斌，万海燕，徐永明．基于SEM的安全氛围对矿工安全绩效影响［J］．煤矿安全，2014，45（11）：230-232+236.

［79］童磊，王良玉，丁日佳．煤矿安全动态投入产出模型研究［J］．煤炭科学技术，2014，42（5）：58-61.

［80］孙平，朱伟，王剑，宋瑞，何世伟．基于灾害评估的社区应急救援资源调配及模拟［J］．中国安全科学学报，2014，24（3）：172-176.

［81］汤凌霄，郭熙保．我国现阶段矿难频发成因及其对策：基于安全投入的视角［J］．中国工业经济，2006（12）：53-59.

［82］唐小我，慕银平，马永开．柯布—道格拉斯生产函数条件下成本函数的进一步分析［J］．中国管理科学，2005（4）：1-6.

［83］童文清，傅贵，解学才，杨晓雨．我国煤矿安全文化建设现状研究——来自 60 家煤矿的证据［J］．中国安全生产科学技术，2020，16（12）：85-91.

［84］汪刘凯，孟祥瑞，何叶荣，王向前，李慧宗．基于 CA-SEM 的煤矿安全事故风险因素结构模型［J］．中国安全生产科学技术，2015，11（12）：150-156.

［85］汪赛，李新春，彭红军．基于安全效益分析的煤炭企业安全投入决策模型［J］．统计与决策，2009（5）：52-54.

［86］万小清．谈煤矿井下排水的处理与利用［J］．煤炭工程，2003（1）：15-17.

［87］王斌，周丹华，田冉．危化品运输事故应急资源配置选址多目标决策［J］．中国安全科学学报，2022，32（S1）：197-201.

［88］王金凤，刘冉，冯立杰，岳俊举．基于效用函数的煤矿安全资源冗余配置优化研究［J］．工业工程与管理，2017，22（4）：170-175.

［89］王金凤，杨利峰，翟雪琪，冯立杰．基于粗糙集和 IPA 的煤矿生产物流系统安全影响因素分析［J］．安全与环境学报，2015，15（4）：6-11.

［90］王金凤，杜雪珂，冯立杰，翟雪琪．煤矿生产物流系统安全资源配置随机规划模型［J］．中国安全科学学报，2015，25（3）：16-22.

［91］谢毅，吴汗青，刘东升．资源与活动多对多关系下面向成本的业务过程资源配置优化［J］．系统工程理论与实践，2014，34（8）：2054-2064.

［92］吴瑞林，杨琳静．在公共管理研究中应用结构方程模型——思想、模型和实践［J］．中国行政管理，2014（3）：62-68.

［93］吴金刚，于红．基于 4M 煤矿本质安全管理评价指标体系建立的探

讨［J］．煤矿安全，2010，41（4）：151-154.

［94］王书明，何学秋，王恩元．基于"流变—突变"理论的安全投入决策［J］．中国安全科学学报，2009，19（11）：46-51+177.

［95］王晓梅．煤炭企业的安全经济效益分析［J］．煤炭学报，2007（8）：893-896.

［96］许梦国，闫曳綪，王平，刘红阳，张威威．基于 AHP-C 的矿山企业安全投入评价研究［J］．武汉科技大学学报，2021，44（4）：312-320.

［97］杨本生，贾永丰．矿井采掘系统安全生产诊断评价［J］．安全与环境学报，2015，15（6）：18-21.

［98］严小飞，叶东毅．基于 Levy 飞行的改进菌群觅食算法［J］．计算机系统应用，2015，24（3）：124-132.

［99］杨浩雄，李金丹，张浩，刘淑芹．基于系统动力学的城市交通拥堵治理问题研究［J］．系统工程理论与实践，2014，34（8）：2135-2143.

［100］杨力，刘程程，宋利，盛武．基于熵权法的煤矿应急救援能力评价［J］．中国软科学，2013（11）：185-192.

［101］杨力，于海云．基于 BP 模型的煤矿安全管理投入经济分析［J］．矿业安全与环保，2013，40（2）：109-112.

［102］杨保华，方志耕，刘思峰，郭本海．基于 GERT 网络的应急抢险过程资源优化配置模型研究［J］．管理学报，2011，8（12）：1879-1883.

［103］杨鑫刚，谢至立，王起全．基于系统动力学的企业安全投入与安全管理水平分析［J］．中国矿业，2021，30（5）：41-47.

［104］杨洋，张文博，左晨曦，王子轩．基于"人—机—环—管"理论的数字化煤矿安全管理研究演化分析［J］．煤矿安全，2021，52（2）：239-243+247.

［105］叶文涛，成连华．高质量发展下煤矿企业安全投入产出效率评价［J］．西安科技大学学报，2021，41（4）：700-707.

［106］张超，赵宝福，贾宝山，翟翠霞，任海芝，郭建威．煤矿生产物流系统安全资源 DMIP-MCDM 评价法［J］．中国安全科学学报，2017，27（4）：127-132.

［107］张景钢，安美秀．HAZOP 在煤矿安全评价中的应用研究［J］．矿业安全与环保，2016，43（5）：111-114.

［108］于江．浅析影响煤矿通风安全的因素及防范措施［J］．能源与节能，2015（2）：10-11+16.

［109］张玲，董银红，张敏．基于情景分析的应急资源布局决策［J］．系统工程，2014，32（3）：137-142.

［110］辛宝鹏．我国煤矿采掘设备现状分析及发展建议［J］．科技资讯，2014，12（4）：154+156.

［111］张飞燕，孟薇，韩颖．基于灰色系统理论的煤矿安全投入结构分析与优化［J］．中国矿业，2014，23（1）：120-124.

［112］张东，聂百胜，王龙康．我国煤矿安全生产事故的致灾因素分析［J］．中国安全生产科学技术，2013，9（5）：136-140.

［113］姚明海，王娜，赵连朋．改进的模拟退火和遗传算法求解 TSP 问题［J］．计算机工程与应用，2013，49（14）：60-65.

［114］张莉莉，娄媛，胡祥培．面向生产计划调整的资源参数反演逆优化方法［J］．系统管理学报，2021，30（3）：438-450.

［115］张培森，牛辉，朱慧聪，李复兴．2019—2020 年我国煤矿安全生产形势分析［J］．煤矿安全，2021，52（11）：245-249.

［116］赵鹏飞，贺阿红．煤矿安全投入结构合理性评价［J］．煤矿安全，2016，47（1）：227-230.

［117］张文芬，杨家其．基于小波神经网络的海上突发事件应急资源动态需求预测［J］．运筹与管理，2015，24（4）：198-205.

［118］张相斌，林萍．基于逆优化方法的供应链资源优化配置［J］．系

统工程，2015，33（7）：52-57.

[119] 张前图，房立清，赵玉龙. 具有 Levy 飞行特征的双子群果蝇优化算法 [J]. 计算机应用，2015，35（5）：1348-1352.

[120] 张晓明. 基于粗糙集-AHM 的装备制造业企业创新能力评价指标权重计算研究 [J]. 中国软科学，2014（6）：151-158.

[121] 张相斌，林萍. 网格环境下企业制造资源的逆优化配置模型 [J]. 系统工程学报，2014，29（2）：246-256.

[122] 张晓芳. 煤矿机电安全管理存在的问题及对策 [J]. 煤炭与化工，2014，37（3）：150-151+155.

[123] 郑士源. 基于核心解的运输联盟的成本分摊 [J]. 系统工程，2013，31（8）：47-53.

[124] 赵洪海，李明泽，李忠伟. 基于最低人员伤亡的资源优化配置模型研究 [J]. 安全与环境学报，2011，11（4）：257-259.

[125] 张相斌. 基于线性规划逆优化模型的供应链资源优化配置支持系统研究 [J]. 南京邮电大学学报（自然科学版），2011，31（1）：96-101.

[126] 张平，刘成河. 煤矿井下涌水量预测及矿井排水能力改造 [J]. 煤矿安全，2011，42（1）：100-103.

[127] 张相斌，宋晓琳，梁平. 面向企业最优生产计划的线性规划广义逆优化模型 [J]. 系统工程理论与实践，2007（6）：80-85.

[128] 周建亮，朱琰，苗晋维，艾雅译，刘昌沛，岑泳琪. 基于 SNA 的煤矿安全生产关键风险因素分析与对策 [J]. 煤矿安全，2023，54（1）：252-256.

[129] 周天墨，陈鹏飞，陈佳林，诸云强，王晓爽，祁彦民，李威蓉，孙凯，王曙，程全英. 中国煤矿安全生产水平空间差异与影响因素 [J]. 地理研究，2022，41（4）：1194-1211.

[130] 朱艳娜，李成，李丽绒，杨科，杨彦群，张贵生. 矿山全生命周

期安全风险动态评价及 SD 仿真 ［J］. 安全与环境学报，2023：1-10.

［131］张玲，曾倩. 考虑需求点差异性的应急资源配置优化研究 ［J］. 电子科技大学学报（社会科学版），2021，23（6）：57-64.

［132］王金凤，翟雪琪，冯立杰. 面向安全硬约束的煤矿生产物流效率优化研究 ［J］. 中国管理科学，2014，22（7）：59-66.

［133］罗云. 安全经济学 ［M］. 北京：中国质检出版社，中国标准出版社，2013.

［134］张景林. 安全系统工程（第 2 版）［M］. 北京：煤炭工业出版社，2014.

［135］刘潜等. 安全科学导论 ［M］. 北京：气象出版社，2014.

［136］韩中，陈富民，高建民，高智勇. 复杂流程系统安全的资源配置与优化 ［J］. 计算机集成制造系统，2009，15（9）：1758-1764+1778.

［137］苏凯凯，徐文胜，李建勇. 云制造环境下基于双层规划的资源优化配置方法 ［J］. 计算机集成制造系统，2015，21（7）：1941-1952.

［138］张宝优. 我国煤矿采掘设备现状分析及发展建议 ［J］. 煤炭工程，2011（10）：117-119.

二、外文期刊文章

［1］ F. D. Wu, N. L. Hu. Study on the model of safety evaluation in coal mine based on Fuzzy-AHP comprehensive evaluation method ［J］. Proceedings-2011 International Conference on Mechatronic Science, Electric Engineering and Computer, 2011.

［2］ Q. X. Wang, H. Wang, Z. Q. Qi. An application of nonlinear fuzzy analytic hierarchy process in safety evaluation of coal mine ［J］. Safety Science, 2016, Volume 86.

［3］ Y. Wang, C. J. Lu, C. P. Zuo. Coal mine safety production forewarning based on improved BP neural network ［J］. International Journal of Mining Science and Technology, 2015, Volume 25, Issue2.

［4］ L. Tong, L. Y. Wang, R. J. Ding, et al. Study on the dynamic input － output model with coal mine safety ［J］. Procedia Engineering, 2011, Volume 26.

［5］ S. M. Wang. Evaluation of safety input － output efficiency of coal mine based on DEA model ［J］. Procedia Engineering, 2011, Issue 26.

［6］ J. Wu, Q. Y. Zhu, Q. X. An, et al. Resource allocation based on context－dependent data envelopment analysis and a multi－objective linear programming approach ［J］. Computers & Industrial Engineering, 2016, Issue 101.

［7］ D. Wang, C. Qi, H. W. Wang. Improving emergency response collaboration and resource allocation by task network mapping and analysis ［J］. Safety Science, 2014, Issue 70.

［8］ P. Y. Yin, J. Y. Wang. Optimal multiple － objective resource allocation using hybrid particle swarm optimization and adaptive resource bounds technique ［J］. Journal of Computational and Applied Mathematics, 2008, Volume 216.

［9］ J. S. Chou, C. F. Tsai, Z. Y. Chen. Biological－based genetic algorithms for optimized disaster response resource allocation ［J］. Computers & Industrial Engineering, 2014, Issue 74.

［10］ M. N. Azaiez, M. B. Vicki. Optimal resource allocation for security in reliability systems ［J］. European Journal of Operational Research, 2007, Issue 2.

［11］ Z. X. Huang, W. M. P. van der Aalst, X. D. Lu, et al. Reinforcement learning based resource allocation in business process management ［J］. Data & Knowledge Engineering, 2011.

［12］ K. J. Wang, Y. S. Lin. Resource allocation by genetic algorithm with fuzzy inference ［J］. Expert Systems with Applications, 2007, Issue 33.

［13］ R. Ramanathan, L. S. Ganesh. Energy resource allocation incorporating qualitative and quantitative criteria: An integrated model using goal programming and AHP ［J］. Socio-Econ. Plan. Sci, 1995, Volume 29, Issue 3.

［14］ N. B. Xie, J. X. Tian. Mixed optimal algorithm of resource allocation in energy industry ［J］. Energy Procedia, 2011, Issue 5.

［15］ D. Burton, P. L. Toint. On an instance of the inverse shortest paths problem ［J］. Mathematical Programming, 1992, Issue 53.

［16］ C. Yang, J. Zhang. Two general methods for inverse optimization problems ［J］. Applied Mathematics Letters, 1999, Volume 12, Issue 2.

［17］ J. Zhang, Z. Liu. A further study on inverse linear programming problems ［J］. Journal of Computational and Applied Mathematics, 1999, Issue 106.

［18］ J. Roland, Y. D. Smet, J. R. Figueira. Inverse multi-objective combinatorial optimization ［J］. Discrete Applied Mathematics, 2013, Issue 161.

［19］ J. Z. Zhang, Z. Ma. A network flow method for solving some inverse combinatorial optimization problems ［J］. Optimization, 1996, Issue 37.

［20］ J. Z. Zhang, Z. H. Liu. Calculating some inverse linear programming problem ［J］. Journal of Computational and Applied Mathematics, 1996, Volume 72, Issue 2.

［21］ J. Z. Zhang, H. Liu. A further study on inverse linear programming problem ［J］. Journal of Computational and Applied Mathematics, 1999, Volume 106, Issue 2.

［22］ J. Z. Zhang, Z. H. Liu. A general model of some inverse combinatorial optimization problems and its solution method under l_w norm ［J］. Journal of Combinatorial Optimization, 2002, Issue 6.

［23］ J. Z. Zhang, C. X. Xu. Inverse optimization for linearly constrained convex separable programming problems [J]. European Journal of Operational Research, 2010, Issue 200.

[24] A. Faten, A. Pierre, C. B. Claire, et al. Influence of dose point and inverse optimization on interstitial cervical and oropharyngeal carcinoma brachytherapy [J]. Radiotherapy and Oncology, 2004, Issue 73.

[25] L. Adam, M. Branda. Sparse optimization for inverse problems in atmospheric modeling [J]. Environmental Modelling & Software, 2016, Issue 79.

[26] V. Herrera-Solaz, J. Segurado, J. Lorca. On the robustness of an inverse optimization approach based on the Levenberg-Marquardt method for the mechanical behavior of polycrystals [J]. European Journal of Mechanics-A/Solids, 2015, Issue 53.

[27] L. C. Echevarría, H. F. Velho, J. C. Becceneri, et al. The fault diagnosis inverse problem with ant colony optimization and ant colony optimization with dispersion [J]. Applied Mathematics and Computation, 2014, Volume 227.

[28] M. Venugopal, R. M. Vasu, D. Roy. A stochastically evolving non-local search and solutions to inverse problems with sparse data [J]. Probabilistic Engineering Mechanics, 2016.

[29] Q. L. Zou, Q. H. Zhang, J. Z. Yang, et al. Nonlinear inverse optimization approach for determining the weights of objective function in standing reach tasks [J]. Computers & Industrial Engineering, 2012, Issue 63.

[30] J. R. VanderVeer, Y. Jaluria. Optimization of an inverse convection solution strategy [J]. International Journal of Heat and Mass Transfer, 2014, Issue 73.

[31] J. Y. Chow, S. G. Ritchie, K. Jeong. Nonlinear inverse optimization for parameter estimation of commodity-vehicle-decoupled freight assignment [J]. Transportation Research Part E, 2014, Issue 67.

［32］ Z. Z. He, H. Qi, Y. C. Yao, et al. Inverse estimation of the particle size distribution using the fruit fly optimization algorithm ［J］. Applied Thermal Engineering, 2015, Volume 88, Issue 5.

［33］ A. Tarantola, J. C. Ruegg, J. C. Lepine. Geodetic evidence for rifting in Afar a brittle－elastic model of the behaviour of the lithosphere ［J］. Earth and Planetary Science Letters, 1979, Volumn 45, Issue 2.

［34］ A. Tarantola. Deconvolution and inverse theory: Application to geophysical problems ［J］. Physics of the Earth and Planetary Interiors, 1993, Volumn 78, Issue 1－2.

［35］ R. K. Ahuja, J. B. Orlin. Inverse optimization, Part I: linear programming and general problem ［J］. Mathematics, 1998.

［36］ D. Burton, P. L. Toint. On the use of an inverse shortest path algorithm for recovering linearly correlated costs ［J］. Mathematical Programming, 1994, Issue 63.

［37］ Y. Yao, B. Zhou. Two bayesian approaches to rough sets ［J］. European Journal of Operational Research, 2016, Volume 251, Issue 3.

［38］ M. S. Raza, U. Qamar. An incremental dependency calculation technique for feature selection using rough sets ［J］. Information Sciences, 2016, Volume 343－344.

［39］ S. Eskandari, M. M. Javidi. Online streaming feature selection using rough sets ［J］. International Journal of Approximate Reasoning, 2016, Volume 69.

［40］ R. J. Kuo, Y. S. Han. A hybrid of genetic algorithm and particle swarm optimization for solving bilevel linear programming problem—A case study on supply chain model ［J］. Applied Mathematical Modelling, 2011, Volume 35, Issue 8.

［41］ Y. W. Huang, B. Fu, X. C. Cai. Rules extraction by clustering artificial fish—swarm and rough set [J]. Research Journal of Applied Sciences, Engineering and Technology, 2012, Volume 4, Issue 2.

[42] Y. Q. Li, P. Jin. The WSN coverage optimization of the diversified AFSA based on chaos learning strategy [J]. International Journal of Multimedia Ubiquitous Engineering, 2014, Volume 8, Issue 9.

[43] İ. Aydoğdu, A. Akın, M. P. Saka. Design optimization of real world steel space frames using artificial bee colony algorithm with levy flight distribution [J]. Advances in Engineering Software, February 2016, Volume 92.

[44] Y. Kim, D. Enke. Developing a rule change trading system for the futures market using rough set analysis [J]. Expert Systems with Applications, October 2016, Volume 59.

[45] F. Jiang, Y. F. Sui. A novel approach for discretization of continuous attributes in rough set theory [J]. Knowledge—Based Systems, 2015, Volume 73.

[46] D. Q. Yan, D. S. Liu, Y. Sang. A new approach for discretizing continuous attributes in learning systems [J]. Neurocomputing, 2014, Volume 133.

[47] D. Tian, X. J. Zeng, J. Keane. Core–generating approximate minimum entropy discretization for rough set feature selection in pattern classification [J]. International Journal of Approximate Reasoning, 2011, Volume 52, Issue 6.

[48] R. Jensi, G. Wiselin. An enhanced particle swarm optimization with levy flight for global optimization [J]. Applied Soft Computing, 2016, Volume 43.

[49] A. Marell, J. P. Ball, A. Hofgaard. Foraging and movement paths of female reindeer: Insights from fractal analysis, correlated random walks, and Lévy flights [J]. Canadian Journal of Zoology, 2002, Volume 80, Issue 5.

[50] Y. Y. Yao, Y. Zhao. Discernibility matrix simplification for constructing attribute reducts [J]. Information Sciences, 2009, Volume 179, Issue 7.

[51] D. G. Chen, Y. Y. Yang, Z. Dong. An incremental algorithm for attrib-

ute reduction with variable precision rough sets〔J〕. Applied Soft Computing，2016，Volume 45.

〔52〕J. H. Dai，H. F. Han，Q. H. Hu，et al. Discrete particle swarm optimization approach for cost sensitive attribute reduction〔J〕. Knowledge－Based Systems，2016，Volume 102.

〔53〕E. M. Alfy，M. A. Alshammari. Towards scalable rough set based attribute subset selection for intrusion detection using parallel genetic algorithm in Map Reduce〔J〕. Simulation Modelling Practice and Theory，2016，Volume 64.

〔54〕C. H. Cheng，T. L. Chen，L. Y. Wei. A hybrid model based on rough sets theory and genetic algorithms for stock price forecasting〔J〕. Information Sciences，2010，Volume 180，Issue 9.

〔55〕P. Schmidt. Estimation of a fixed－effect Cobb－Douglas system using panel data〔J〕. Journal of Econometrics，1988，Volume 37，Issue 3.

〔56〕G. E. Vîlcu. A geometric perspective on the generalized Cobb－Douglas production functions〔J〕. Applied Mathematics Letters，2011，Volume 24，Issue 5.

〔57〕Y. B. Lv，Z. Chen，Z. P. Wan. A penalty function method based on bilevel programming for solving inverse optimal value problems〔J〕. Applied Mathematics Letters，2010，Volume 23.

三、国家标准

〔1〕煤炭工业部. 煤炭工业企业固定资产更新和技术改造资金使用范围和管理办法〔S〕.〔1972〕燃财字第 43 号.

〔2〕煤炭工业部，财政部. 煤炭工业企业更新改造资金使用范围〔S〕.〔1976〕煤财字第 735 号.

〔3〕煤炭工业部，财政部. 国家统配和重点煤矿维持简单再生产资金使用

的若干规定［S］.〔1980〕煤财劳字第 1100 号,〔1980〕财企字第 561 号.

　　［4］煤炭工业部.煤矿维持简单再生产资金使用与管理办法［S］.〔1981〕煤财字第 141 号.

　　［5］煤炭工业部.关于煤矿维持简单再生产资金使用管理的若干规定［S］.〔1985〕煤财字第 312 号.

　　［6］财政部,国家安全生产监督管理总局.企业安全生产费用提取和使用管理办法［S］.〔2012〕财企第 16 号.

四、其他

　　［1］中华人民共和国国务院.关于国有重点煤炭企业财务关系下放地方管理的通知［Z］.〔1998〕国发第 22 号.

　　［2］财政部,发展改革委,国家煤矿安全监察局.关于印发《煤炭生产安全费用提取和使用管理办法》和《关于规范煤矿维简费管理问题的若干规定》的通知［Z］.〔2004〕财建第 119 号.

　　［3］国家煤矿安全监察局.关于煤矿安全投入专项监察发现问题的通报［Z］.〔2016〕煤安监司办第 16 号.